KB158975

마구로센세의
본격! 일본어 스터디

❶

마구로센세의 본격! 일본어 스터디

초급❶ 일본미식회

bs
브레인스토어

저자의 말

다년간 사회 각계각층의 수강생들을 직접 만나서, 셀 수도 없을 만큼의 일본어 강의를 해 왔습니다. 강의가 끝나면 늘 강의 평가라는 강사의 성적표가 따라오게 마련입니다. 감사하게도 제 강의에 대해 좋은 평가를 해 주시는 수강생들의 의견은 "일본어라는 어학뿐만 아니라, 일본의 문화와 정서까지 이해시켜 주는 강의였다."는 것이었습니다.

그런 강의를 책으로도 보여 드릴 수 없을까 고민하던 중, 나인완 작가님의 작품을 접하게 되었습니다. 작가님은 제가 표현하고자 하는 일본의 문화와 정서를 '마구로센세'라는 친근한 캐릭터로 펼치고 있었습니다. 작가님과의 만남으로 이루어낸 작품이 지금 손에 들고 계신 『마구로센세의 본격 일본어 스터디』입니다.

각 장의 구성은 아래와 같습니다.

1) 에피소드: 마구로센세를 통해 체험하는 일본 생활
2) 일본통 되기: 일본 문화, 정서에 대해 알아가기
3) 일본어정복: 마구로센세가 일본어 요정 유리링과 일본어 핵심 요소를 정복
4) 연습하기: 앞서 배운 내용을 다양한 예문을 통해 연습
5) 정답 확인: 연습하기의 정답과 읽는 방법을 한글로 확인(한글로 외국어를 완벽하게 표기하는 것은 어렵기에, 최대한 가까운 발음으로 표기한 점 양해 바랍니다.)

『마구로센세의 본격 일본어 스터디』 시리즈는 앞으로도 일본의 지역, 문화, 역사, 사회 현상 등에 대해서 소개하며, 일본어 스터디를 이어 나갈 예정입니다. 많은 기대와 성원 부탁드립니다.

감사합니다.

일본어 강사 최유리

차례

안녕? 나는 마구로센세!

일본 문화 전도사로서
열심히 활동한 지 어언 1년..
대부분 음식..
부들
부들

일본 음식
꿀꺽
DRY
Asahi
生

주문하기
가츠동 한 개, 새우 튀김
두 개, 연근 튀김 한 개,
생맥주 한 잔 주세요.

일본 여행
오늘은 난바에서 스시,
그 다음은 우메다에서
디저트, 그 다음은..
그만
먹어

하지만 일본 문화에 대해서
더 자세히 알아 보려면...
일본
부담

쓰윽

일본어
일본어를 제대로 배워야 해!

하지만.. 언어 배우기란..
끄응

너무 어려운 일이야..
하기 싫어..

하지만 계속 미룰 순 없어!
이번에야말로 일본어 정복에 성공하고 말겠다!

한달 후
Cafe

안녕? 나는 마구로센세!
일본 문화 전도사로서
열심히 활동한 지 어언 1년..
일본 음식! 주문하기!
일본 여행...

...
앗!

음.. 한 달 전에 했던 똑같은 대사군..
긁적

사실 어디서부터 시작해야 할지 모르겠어!
흑흑흑

아무것도 모르는 건 아니고..
아리가토 고자이마스
오네가이시마스
스미마센
스고이
이쿠라 데스카?
오이시

그렇다고 기초가 튼튼하게 잡힌 것도 아니고..
기초
외면

누가 좀
도와 줘!

끼약!
펑
...
...
쓰윽
으아앗! 당신은.. 왠지 이 타이밍에 나타나는 걸 보면 일본어의 요정?
아니, 나는 영어의 요정 이야!
ABCD..
앗!.. 전혀 예상치 못한 전개다.

당황하긴..
일본어 요정 맞아.
휴.. 다행..
유리링이라고 해.
일본어 요정 유리링!
유리링!
그럼 저에게
일본어를
마스터할 수
있는 능력을
주시는 건가요?
쿵!
그러면 이 책이
10페이지 만에
끝나게 되잖아..
난 아직
할 말이 많다고!
역시 그렇겠죠?
시무룩

ラーメン
언어를 배우는 것은 너무 멀고 험난하게 느껴져요. 마치 아주 유명한 라멘집에 줄이 이만큼 있는 것처럼요.

하지만 그 라멘집의 라멘도 결국 인내하는 사람만 맛볼 수 있어!
콰아아아
콰아아

언어를 배우는 건
긴 여정이지만, 다양한
일본 문화와 함께라면
재밌고 힘들지 않을 꺼야!

그리고 나!
마구로센세와 함께!

퉁
퉁

오오!
몸무게 73kg! 라멘 3그릇,
초밥 15접시를
한 번에 먹어 온
그동안의 노력이
헛되지 않게 하겠어요!

일본어 배우는 것과 먹는 양은
상관이 없지만, 그 열정은 좋아.
오예!
칭찬 받았다!

빨리 알려주세요. 현기증 난단 말이에요!
으으..
배고파.
쉽지
않겠군..

1강

돈부리 주문 첫 걸음도 히라가나부터!

히라가나 & 가타카나 & 한자

도쿄의 어느 덮밥집

룰루~ 뭘 먹어 볼까?
끙차

여기 메뉴판이요.
메뉴가 정해지면
불러 주세요.
넹

웬만한 식당은 점원이
적절한 자리를 안내해 주니,
인원수를 알려주고
안내해 주길
기다리세요.

잠깐만... 음식 사진이
없어...
휘둥
그레

...
...
...
도와줘요!
유리링
펑!
무슨일이에요, 마구로센세?
저기.... 여기 일본어가 절 혼란스럽게 해요.... 어질..

일본어 문자를 알고 싶나요? 그럼 마음의 준비를 단단히 해야 합니다.
일본어 문자는 히라가나, 가타카나, 한자 이렇게 세 가지나 되거든요.
하나씩 만나 볼게요.

히라가나와 가타카나는 똑같은 소리를 두 가지 문자로 쓰고 있다고 보면 됩니다.
예를 들어 [아]를 히라가나로는 あ, 가타카나로는 ア, 이렇게 표기해요.

	히라가나	가타카나
아	あ	ア

진정해요. 다 이유가 있어서 그러는 거예요.
영어의 알파벳을 생각해 봐요. 알파벳에는
대문자와 소문자가 있죠!
마찬가지예요. 다 각각의 역할이 있답니다.

먼저 히라가나는 일반적인 표기에 사용하는 일본문자예요.
그리고 가타카나는 외래어, 의성어, 의태어, 강조를 하고 싶은
경우에 사용해요. 그러다 보니 메뉴판이나 간판에서 가타카나를 많이
볼 수 있죠.

오호...

그럼 대체 몇 글자를 외워야 하는 건가요??

각각 46개의 글자를 외우면 끝! 46X2 = 92.
간단하죠?!

92개..

그럼 전 이만..
안녕히 계세요.
터벅 터벅

하지만 문자를 모르면 일본어 메뉴판도 읽을 수 없고,
그럼 먹고 싶은 메뉴도 시킬 수 없고, 그러면… 그러면…
멈칫!

그렇네요. 꼭 문자를 마스터하겠어요!
슝
빠.. 빠르다..

네, 그 파이팅 좋아요. 그런데…
한 가지 더 있어요. 바로 한자예요.
미안..
우울..

걱정 마요. '일본어정복'을 통해서 일상 생활에서 많이 사용하는 한자와 읽는 방법을 알려줄 거예요.
그러니 우선 읽는 연습을 먼저 하도록 하세요. 쓰는 건 천천히 해도 된답니다.

정확히 어떤 방법이죠?
방긋
방긋
이제 포기한 건가?..
이번에는 우리말을 예로 들어
쉽게 알려줄게요.
人이라는 한자의 뜻은 '사람'이고,
소리내어 읽을 때는 '인'이라고 하죠.
이렇게 뜻으로 읽는 것을 '훈독'
그리고 소리로 읽는 것을 '음독'
이라고 해요.
그러니 人의 음독은'인'
훈독은 '사람'인 거예요.
人
사람
인
훈독
음독
참고로 일본어 人의 음독은 にん 또는 じん이고,
훈독은 ひと예요. 어렵지 않죠?!
人
ひと
にん, じん
히토
닌 진
오호..

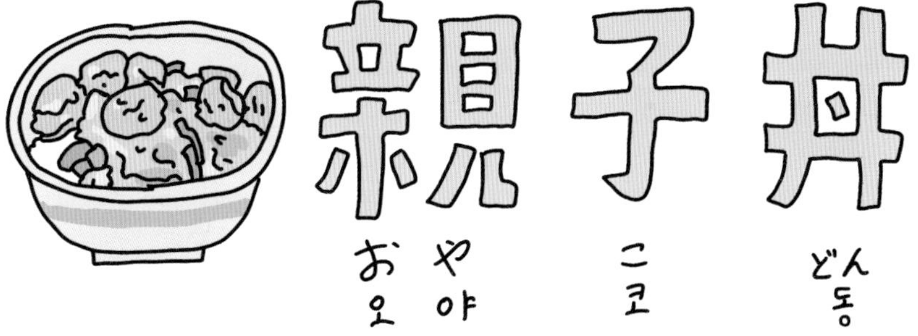

먼저 親子丼을 보세요. 각각의 한자는

	음독	훈독
부모 親	しん	おや
자식, 아이 子	し	こ

그 중에 의미를 뜻하는 훈독으로 おやこどん이 된 거예요.

그러면 이름이 '부모자식덮밥' 이라니?
뭔가 이상한데요?
부모님이랑 먹는 덮밥 인가..?

실은 무시무시한 의미가 숨어 있습니다.

오야코동은 부모인 닭고기와 자식에 해당하는 달걀이 같이 올라간 덮밥이거든요.
엄마 어디가요?
덮밥집 간단다
잔인해..

그러게요. 그래서 안 먹을 건가요?
음..

여기 오야코동 하나 주세요!
유리링은요?

저는 마구로동 하나 주세요!
깜짝!

역시 달걀과 닭고기의 조합이란..
와!
냠냠

현재의 일본어는 세 종류의 문자를 사용해요. 표의문자인 한자와 표음문자인 히라가나, 가타카나에요.

일본어에 문자가 도입된 것은 5세기경으로, 한자를 사용하여 기록하기 시작했어요. 그 한자를 일본인들이 일본어식으로 읽는 것을 고안하였고, 나아가 한자를 기본으로 하여 표음문자를 만들기 시작한 것이에요.

1 히라가나 (平仮名、ひらがな)

히라가나는 서기 900년경 헤이안시대에 당시 사용하던 획수가 많은 만요-가나(万葉仮名、まんようがな)를 대신해서 한자를 흘려 쓴 것을 기본으로 고안되었어요. 현재는 히라가나와 한자를 함께 사용해서 문장을 만들어요.

2 가타카나 (片仮名、かたかな)

가타카나는 서기 800년경에 히라가나처럼 문자를 간략하게 표현하기 위해 한자의 한 부분을 따서 고안되었어요. 현재 가타카나는 주로 외래어를 표현하는 데 사용하고 있어요.

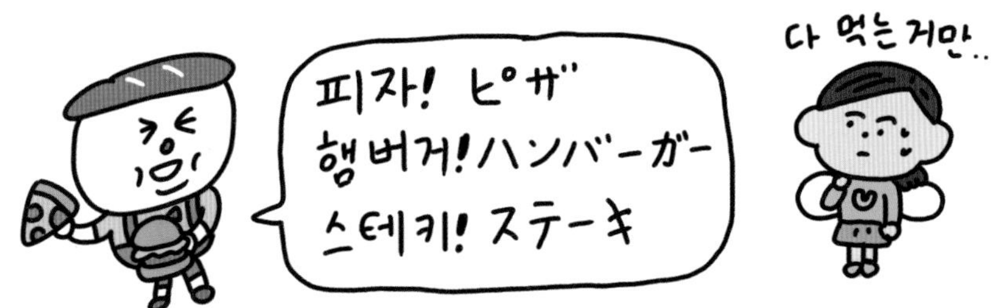

3 한자(漢字、かんじ)

한자는 중국 한자의 발음을 기반으로 한 음독과, 고유의 일본어를 붙인 훈독으로 읽는 것이 일반적이에요. 따라서 하나의 한자에 여러 가지 읽는 방식이 있으며, 원래 한자가 아닌 신자체(新字体、しんじたい)라는 약자를 사용해요. 우리가 쓰는 한자보다는 조금 더 간단하게 변형한 한자체예요. 그밖에도 일본어에만 사용하는 일본 한자도 있어요.

4 일본어 발음하기

기본 문자인 히라가나표는 50음도표라 불리지만 현대 일본어에서는 4개가 사라지고 46개만 존재해요. 46개의 기본 발음을 응용하여 요음, 촉음 등 다양한 발음을 표현할 수 있어요.

1 돈부리

밥그릇보다 큰 사발인 돈부리바치丼鉢(どんぶりばち)에 밥을 담고 그 위에 다양한 재료를 올려 먹는 덮밥 요리를 말해요. 일본의 식문화는 다양한 밑반찬을 차려 먹기보다는 단품으로 구성된 반찬이 일반적이에요. 그렇다 보니 덮밥류처럼 간단히 먹을 수 있는 메뉴도 발달했어요.

우리의 비빔밥과 비슷한 모습을 하고 있지만, 비벼 먹지 않고 위에서부터 밥과 함께 떠 먹어요.

돈부리는 에도시대부터 대중들에게 사랑받기 시작하며 일본의 식문화에 깊게 자리 잡았고, 밥 위에 무엇을 얹느냐에 따라 수많은 종류가 생겨나고 있어요.

2 돈부리의 재료

밥 위에 올라가는 재료에 따라 다양한 이름으로 불리고 있어요.

1) 해산물이 올라간 돈부리

우나동 鰻丼(うなどん)

양념해서 구운 장어를 밥 위에 올린 돈부리

텟카동 鉄火丼(てっかどん)

참치의 붉은 살을 밥 위에 올리고 김, 다진 파, 고추냉이를 올린 돈부리

카이센동 海鮮丼(かいせんどん)

다양한 해산물을 밥 위에 올린 돈부리

산쇼쿠동 三色丼(さんしょくどん)

세 가지 해산물을 밥 위에 올린(구성은 사장님 마음) 돈부리

우니동 うに丼(どん)

성게를 밥 위에 모양을 살려 올린 돈부리

이쿠라동 いくら丼(どん)

간장 등으로 간한 연어 알을 밥 위에 올린 돈부리

2) 고기가 올라간 돈부리

고기는 종류와 조리법에 따라 이름이 달라지기도 해요.

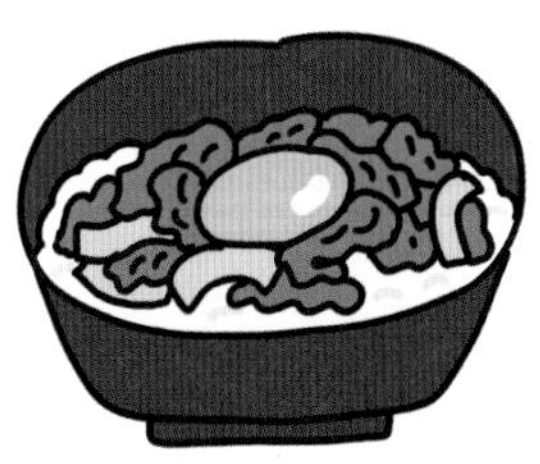

규-동 牛丼(ぎゅうどん)

소고기를 조리해서 밥 위에 올린 돈부리

스테-키동 ステーキ丼(どん)

스테이크를 양념과 함께 밥 위에 올린 돈부리

부타동 豚丼(ぶたどん)

돼지고기를 조리해서 밥 위에 올린 돈부리

카츠동 かつ丼(どん)

돈까스와 계란을 함께 조리해서 올린 돈부리

오야코동 親子丼(おやこどん)

조리한 닭고기와 달걀을 밥 위에 올린 돈부리

그밖에, 튀김을 올리기도 하며,

텐동 天丼(てんどん)이라고 합니다.

돈부리를 즐기는 tip!

일본 음식은 눈으로 즐기는 음식이라고도 해요. 그래서 만드는 사람도 보기 좋게 만들기 위해 최선을 다해요. 그런 음식이니 비벼서 먹는 것보다, 음식의 담음새를 즐기면서 위에서부터 떠 먹듯이 먹어 보세요!

3 일본의 돈부리 전문점

저렴한 가격에 돈부리를 맛볼 수 있는 가게들을 소개할게요.

1) 텐야 てんや

일본 전국과 해외에도 지점이 있는 텐동 전문점으로, 저렴한 가격에 계절마다 특선메뉴를 선보이는 프랜차이즈 돈부리 가게예요. 텐동뿐만 아니라 일본식 튀김인 텐푸라 天ぷら도 합리적인 가격으로 먹어 볼 수 있어요. 포장도 가능하니 가까운 공원에서 소풍 기분을 내기도 좋아요!

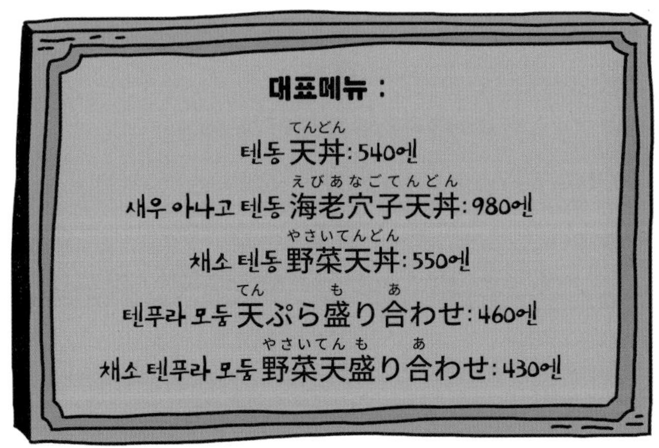

(가격은 2018년 7월 기준)

2) 요시노야 吉野家(よしのや)

일본 전국과 해외에 지점이 있는 규동 전문점이에요. 저렴한 가격으로 배부르게 먹을 수 있다는 점 때문에 학생들에게도 인기가 많아요. 규동 이외에도 부타동, 우나쥬-(우나기동) 등을 취급하기도 해요. 24시간 운영하는 매장도 있어서 늦은 시간에도 언제나 따뜻한 규동을 먹을 수 있어요. 물론 포장도 가능해요.

(2018년 7월 기준)

1 히라가나

1) 청음

		모음				
		ㅏ	ㅣ	ㅡ,ㅜ	ㅔ	ㅗ
자음	ㅇ	あ [아]	い [이]	う [우]	え [에]	お [오]
	ㅋ	か [카]	き [키]	く [쿠]	け [케]	こ [코]
	ㅅ	さ [사]	し [시]	す [스]	せ [세]	そ [소]
	ㅌ,ㅊ*	た [타]	ち* [치]	つ* [츠]	て [테]	と [토]
	ㄴ	な [나]	に [니]	ぬ [누]	ね [네]	の [노]
	ㅎ	は [하]	ひ [히]	ふ [후]	へ [헤]	ほ [호]
	ㅁ	ま [마]	み [미]	む [무]	め [메]	も [모]
	·	や [야]		ゆ [유]		よ [요]
	ㄹ	ら [라]	り [리]	る [루]	れ [레]	ろ [로]
	-	わ [와]		ん [응]		を [오]※

※ を[오]는 우리말 '을/를'에 해당하는 조사에만 사용함

비슷하게 생긴 글자가 좀 보이는데요. 예를 들어 る[루]랑 ろ[로]요.

비슷해 보이죠, 그럼 조심해야 할 글자랑 구분하는 팁을 알려줄게요.

1. さ[사]와 ち[치]는 좌우가 반대예요.
2. う[우]와 つ[츠]는 위쪽에 한 획이 있고 없고의 차이예요. 그러니 반드시 획을 잘 보이게 써야 해요.
3. い[이]와 り[리]는 오른쪽 획의 길이가 달라요. 그러니 り[리]를 쓸 때는 반드시 오른쪽 획을 더 길게 써야 해요.
4. 그리고 る[루]랑 ろ[로]는 마지막에 동그라미로 마무리하느냐 열린 채로 마무리하느냐가 차이예요.

さ 사 ち 치
좌우가 반대!

う 우 つ 츠
우 위에는 한 획 더!

い 이 り 리
리의 오른쪽은 항상 길게!

る 루 ろ 로
동그라미가 중요해!

2) 탁음 (오른쪽 상부에 점 두 개를 찍어 발음에 변화를 준다)

		모음				
		ㅏ	ㅣ	ㅡ,ㅜ	ㅔ	ㅗ
자음	ㄱ	が [가]	ぎ [기]	ぐ [구]	げ [게]	ご [고]
	ㅈ	ざ [자]	じ [지]	ず [즈]	ぜ [제]	ぞ [조]
	ㄷ,ㅈ*	だ [다]	ぢ* [지]	づ* [즈]	で [데]	ど [도]
	ㅂ	ば [바]	び [비]	ぶ [부]	べ [베]	ぼ [보]

3) 반탁음 (오른쪽 상부에 동그라미를 추가해서 발음에 변화를 준다)

		모음				
		ㅏ	ㅣ	ㅡ,ㅜ	ㅔ	ㅗ
자음	ㅍ	ぱ [파]	ぴ [피]	ぷ [푸]	ぺ [페]	ぽ [포]

4) 요음 (い[이] 단과 작은 や[야], ゆ[유], よ[요]가 결합해서 새로운 소리를 만든다)

작은 や[야], ゆ[유], よ[요] 라고요? 그럼 얼만큼 작게 써야 하나요? 크게 쓰면 무슨 일이 일어나나요?

네, 무슨 일이 일어납니다. 원래 크기의 반 정도로 쓰면 되는데, 크게 써서 ちゃ를 ちや라고 쓰면 이건 [챠]가 아니라 [치야]라고 읽어야 해요.

그런 어마어마한 일이 일어나는군요. 조심해야겠어요.

			모음		
			ㅑ	ㅠ	ㅛ
			や [야]	ゆ [유]	よ [요]
자음	ㅋ	き [키]	きゃ [캬]	きゅ [큐]	きょ [쿄]
	ㅅ	し [시]	しゃ [샤]	しゅ [슈]	しょ [쇼]
	ㅊ	ち [치]	ちゃ [챠]	ちゅ [츄]	ちょ [쵸]
	ㄴ	に [니]	にゃ [냐]	にゅ [뉴]	にょ [뇨]
	ㅎ	ひ [히]	ひゃ [햐]	ひゅ [휴]	ひょ [효]
	ㅁ	み [미]	みゃ [먀]	みゅ [뮤]	みょ [묘]
	ㄹ	り [리]	りゃ [랴]	りゅ [류]	りょ [료]
	ㄱ	ぎ [기]	ぎゃ [갸]	ぎゅ [규]	ぎょ [교]
	ㅈ	じ [지]	じゃ [쟈]	じゅ [쥬]	じょ [죠]
	ㅈ	ぢ [지]	ぢゃ [쟈]	ぢゅ [쥬]	ぢょ [죠]
	ㅂ	び [비]	びゃ [뱌]	びゅ [뷰]	びょ [뵤]
	ㅍ	ぴ [피]	ぴゃ [퍄]	ぴゅ [퓨]	ぴょ [표]

2 가타카나

1) 청음

		모음				
		ㅏ	ㅣ	ㅡ,ㅜ	ㅔ	ㅗ
자음	ㅇ	ア [아]	イ [이]	ウ [우]	エ [에]	オ [오]
	ㅋ	カ [카]	キ [키]	ク [쿠]	ケ [케]	コ [코]
	ㅅ	サ [사]	シ [시]	ス [스]	セ [세]	ソ [소]
	ㅌ,ㅊ*	タ [타]	チ* [치]	ツ* [츠]	テ [테]	ト [토]
	ㄴ	ナ [나]	ニ [니]	ヌ [누]	ネ [네]	ノ [노]
	ㅎ	ハ [하]	ヒ [히]	フ [후]	ヘ [헤]	ホ [호]
	ㅁ	マ [마]	ミ [미]	ム [무]	メ [메]	モ [모]
	·	ヤ [야]		ユ [유]		ヨ [요]
	ㄹ	ラ [라]	リ [리]	ル [루]	レ [레]	ロ [로]
	-	ワ [와]		ン [응]		ヲ [오]

이번에도 비슷하게 생긴 글자가 좀 보이는데요.

가타카나에서 조심해야 할 글자랑 팁을 알려줄게요.

1. コ[코]와 ユ[유]는 아래 획의 길이가 달라요. ユ[유]를 쓸 때는 반드시 아래 획을 길게 써야 해요.
2. ウ[우]와 ワ[와]는 위쪽에 한 획이 있고 없고가 차이예요. 그러니 반드시 획을 잘 보이게 써야 해요.
3. シ[시]와 ツ[츠]는 정말 비슷하게 생겼죠?! 먼저 シ[시]는 왼쪽을 기준으로 획을 시작하고 정렬해요. 그리고 ツ[츠]는 위쪽을 기준으로 획을 시작하고 정렬해요.
4. ン[응]과 ソ[소]도 비슷하게 생겼죠?! 먼저 ン[응]은 왼쪽을 기준으로 획을 시작하고 정렬해요. 그리고 ソ[소]는 위쪽을 기준으로 획을 시작하고 정렬해요.

2) 탁음 (오른쪽 상부에 점 두 개를 찍어 발음에 변화를 준다)

		모음				
		ㅏ	ㅣ	ㅡ,ㅜ	ㅔ	ㅗ
자음	ㄱ	ガ [가]	ギ [기]	グ [구]	ゲ [게]	ゴ [고]
	ㅈ	ザ [자]	ジ [지]	ズ [즈]	ゼ [제]	ゾ [조]
	ㄷ,ㅈ*	ダ [다]	ヂ* [지]	ヅ* [즈]	デ [데]	ド [도]
	ㅂ	バ [바]	ビ [비]	ブ [부]	ベ [베]	ボ [보]

3) 반탁음 (오른쪽 상부에 동그라미를 추가해서 발음에 변화를 준다)

		모음				
		ㅏ	ㅣ	ㅡ,ㅜ	ㅔ	ㅗ
자음	ㅍ	パ [파]	ピ [피]	プ [푸]	ペ [페]	ポ [포]

4) 요음 (ィ[이] 단과 작은 ャ[야], ュ[유], ョ[요]가 결합해서 새로운 소리를 만든다)

			모음		
			ㅑ	ㅠ	ㅛ
			ヤ [야]	ユ [유]	ヨ [요]
자음	ㅋ	キ [키]	キャ [캬]	キュ [큐]	キョ [쿄]
	ㅅ	シ [시]	シャ [샤]	シュ [슈]	ショ [쇼]
	ㅊ	チ [치]	チャ [챠]	チュ [츄]	チョ [쵸]
	ㄴ	ニ [니]	ニャ [냐]	ニュ [뉴]	ニョ [뇨]
	ㅎ	ヒ [히]	ヒャ [햐]	ヒュ [휴]	ヒョ [효]
	ㅁ	ミ [미]	ミャ [먀]	ミュ [뮤]	ミョ [묘]
	ㄹ	リ [리]	リャ [랴]	リュ [류]	リョ [료]
	ㄱ	ギ [기]	ギャ [갸]	ギュ [규]	ギョ [교]
	ㅈ	ジ [지]	ジャ [쟈]	ジュ [쥬]	ジョ [죠]
	ㅈ	ヂ [지]	ヂャ [쟈]	ヂュ [쥬]	ヂョ [죠]
	ㅂ	ビ [비]	ビャ [뱌]	ビュ [뷰]	ビョ [뵤]
	ㅍ	ピ [피]	ピャ [퍄]	ピュ [퓨]	ピョ [표]

3 촉음, 발음, 장음

1) 촉음

작은 'つ[츠]'는 다른 글자의 오른쪽 아래에 붙여서 우리말의 받침처럼 소리가 나요. 단 다음 글자에 영향을 받아 그 발음이 자연스럽게 'ㅋ, ㅅ, ㅌ, ㅂ'로 소리 나기도 해요.

'작은 つ'

① か 행 앞, [ㅋ]로 발음: にっき[닠키] 일기

② さ 행 앞, [ㅅ]로 발음: いっさい[잇사이] 한 살

③ た 행 앞, [ㅌ]로 발음: みっつ[밑츠] 세 개

④ ぱ 행 앞, [ㅍ]로 발음: きっぷ[킾푸] 표

이번에도 つ를 작게 쓰는 것이 중요하겠군요!

네 맞아요! 꼭 작게 써야 촉음의 역할을 할 수 있어요.

2) 발음

ん은 촉음과 마찬가지로 받침처럼 소리 나며, 다음 글자에 영향을 받아 그 발음이 자연스럽게 'ㄴ, ㅁ, ㅇ, ㄴ-ㅇ'로 소리가 나요.

① さざただなら 행 앞: [ㄴ]로 발음 (예: せんたく[센타쿠], 선택)

② まばぱ 행 앞: [ㅁ]로 발음 (예: さんぽ[삼포], 산책)

③ かが 행 앞: [ㅇ]로 발음 (예: まんが[망가], 만화)

④ あはやわ 행 앞: [ㄴ] 또는 [ㅇ]로 발음 (예: れんあい[렝아이], 연애)

규칙이 너무 복잡한데요 ㅠ

걱정 마요. 우리말의 한라산[할라산], 국물[궁물]처럼 발음하기 편하게 자연스럽게 읽으면 되는 거예요!

3) 장음

같은 모음 값의 글자 뒤에 あ, い, う, え, お가 올 때는 뒤에 오는 글자의 발음 대신 그 앞 글자를 길게 발음한다.

① あ 단 뒤에 あ: おかあさん[오카-상] 어머니

② い 단 뒤에 い: おにいさん[오니-상] 형/오빠

③ う 단 뒤에 う: くうき[쿠-키] 공기

④ え 단 뒤에 え 또는 い: おねえさん[오네-상] 누나/언니,
れいぞうこ[레-조-코] 냉장고

⑤ お 단 뒤에 お 또는 う: こおり[코-리] 얼음, りょうり[료-리] 요리

장음 처리를 안 하면 어떻게 되나요?

예) 장음 처리로 뜻이 달라지는 단어

おばあさん[오바-상] 할머니 • **あばさん**[오바상] 아주머니/고모/이모

おじいさん[오지-상] 할아버지 • **おじさん**[오지상] 아저씨/삼촌

いっしょう[잇쇼-] 평생 • **いっしょ**[잇쇼] 함께

こうこう[코-코-] 고교 • **ここ**[코코] 여기

ビール[비-루] 맥주 • **ビル**[비루] 빌딩

せんしゅう[센슈-] 지난 주 • **せんしゅ**[센슈] 선수

헉, 조심해야겠다… 할머니와 아주머니의 차이라니… ㄷ

가타카나 장음 표기 tip!

가타카나는 장음을 'ー'로 표기해요. 예를 들어 'コーヒー [코–히] (커피)' 이렇게요.

1) 히라가나50음도표를 완성하세요.

		모음				
		ㅏ	ㅣ	ㅜ	ㅔ	ㅗ
자음	ㅇ					
	ㅋ					
	ㅅ					
	ㅌ,ㅊ*					
	ㄴ					
	ㅎ					
	ㅁ					
	•					
	ㄹ					
	-					

2) 가타카나50음도표를 완성하세요.

		모음				
		ㅏ	ㅣ	ㅜ	ㅔ	ㅗ
자음	ㅇ					
	ㅋ					
	ㅅ					
	ㅌ,ㅊ*					
	ㄴ					
	ㅎ					
	ㅁ					
	•					
	ㄹ					
	-					

3) 히라가나를 읽어보세요.

1. あ	2. き	3. す	4. て	5. の
6. へ	7. む	8. や	9. よ	10. り
11. ろ	12. わ	13. ん	14. を	15. ざ
16. で	17. ご	18. ぶ	19. ぴ	20. きゃ
21. しゅ	22. ちょ	23. にゅ	24. ひゃ	25. みゅ
26. りょ	27. ぎゅ	28. じゃ	29. びゅ	30. ぴょ

4) 가타카나를 읽어보세요.

1. オ	2. ケ	3. ス	4. チ	5. ナ
6. ヒ	7.ム	8. ユ	9. ラ	10. ワ
11. ガ	12. ゲ	13. ジ	14. ゾ	15. デ
16. バ	17. ベ	18. ピ	19. プ	20. ポ
21. キュ	22. ショ	23. チュ	24. ニャ	25. ヒュ
26. ミョ	27. リュ	28. ギャ	29. ジュ	30. ビュ

1) 히라가나50음도표를 완성하세요.

		모음				
		ㅏ	ㅣ	ㅜ	ㅔ	ㅗ
자음	ㅇ	あ	い	う	え	お
	ㅋ	か	き	く	け	こ
	ㅅ	さ	し	す	せ	そ
	ㅌ,ㅊ*	た	ち	つ	て	と
	ㄴ	な	に	ぬ	ね	の
	ㅎ	は	ひ	ふ	へ	ほ
	ㅁ	ま	み	む	め	も
	·	や		ゆ		よ
	ㄹ	ら	り	る	れ	ろ
	-	わ		ん		を

2) 가타카나50음도표를 완성하세요.

		모음				
		ㅏ	ㅣ	ㅜ	ㅔ	ㅗ
자음	ㅇ	ア	イ	ウ	エ	オ
	ㅋ	カ	キ	ク	ケ	コ
	ㅅ	サ	シ	ス	セ	ソ
	ㅌ,ㅊ*	タ	チ	ツ	テ	ト
	ㄴ	ナ	ニ	ヌ	ネ	ノ
	ㅎ	ハ	ヒ	フ	ヘ	ホ
	ㅁ	マ	ミ	ム	メ	モ
	•	ヤ		ユ		ヨ
	ㄹ	ラ	リ	ル	レ	ロ
	-	ワ		ン		ヲ

3) 히라가나를 읽어보세요.

1. 아	2. 키	3. 스	4. 테	5. 노
6. 헤	7. 무	8. 야	9. 요	10. 리
11. 로	12. 와	13. 응	14. 오	15. 자
16. 데	17. 고	18. 부	19. 피	20. 캬
21. 슈	22. 쵸	23. 뉴	24. 햐	25. 뮤
26. 료	27. 규	28. 쟈	29. 뷰	30. 표

4) 가타카나를 읽어보세요.

1. 오	2. 케	3. 스	4. 치	5. 나
6. 히	7. 무	8. 유	9. 라	10. 와
11. 가	12. 게	13. 지	14. 조	15. 데
16. 바	17. 베	18. 피	19. 푸	20. 포
21. 큐	22. 쇼	23. 츄	24. 냐	25. 휴
26. 묘	27. 류	28. 갸	29. 쥬	30. 뷰

세상의 모든 라멘 맛집들을 세어 보자!

인사말 & 숫자

오사카의 어느 라-멘집
ラメーン
룰루루~

어서 오세요. 한 분이신가요?
안녕하세요. 네, 한 명입니다.

일본의 인사말은 아침-낮-저녁이 달라요.
아침
오하요-고자이마스

낮 콘니치와
저녁 콤방와

여기 앉으세요. 메뉴판입니다.
감사합니다.

메뉴를 선택하기 전에 간단한
음료나 맥주 등을 시켜서,
마시면서 메뉴를 고르고
음식을 기다리기도 해요.

일본 라-멘의 국물 베이스는 닭고기, 돼지고기, 그밖에 건어물 채소 등 여러 가지로 맛을 내요.

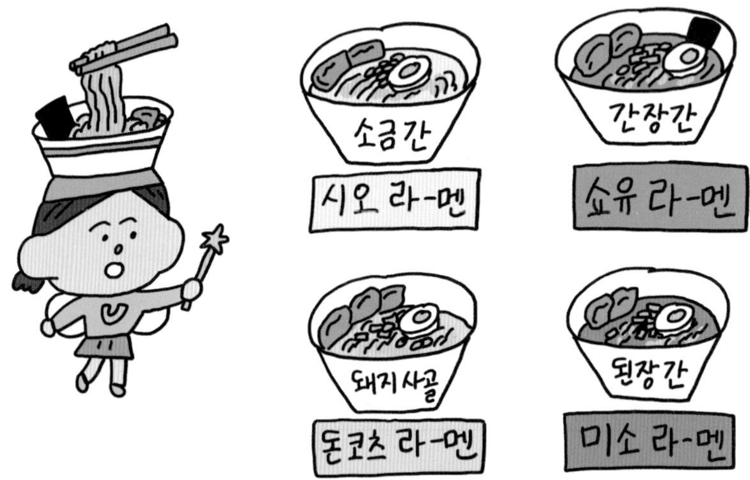

그리고 큐-슈- 지역의 명물인 진한 돼지고기 사골 육수로 만든 '돈코츠 라-멘'은 제주도의 고기국수랑 비슷해요!

캬!
탁

앗... 이상하다..
어디 갔지?

여기 맥주 한 잔
더요~!
네

라-멘은 아직 시키지도 않았
는데.. 맥주 먹으러 왔나?

맥주를 두 잔이나 시켜 버렸으니....
'시오 라-멘'이 좋겠어!
아무
근거
없음..
탁

응?
셋... 토...
메.. 뉴우..?
セットメニュー

아하! 세...트 메뉴! 오옷, 가타카나도
이제 읽을 수 있어!!
여기요~!

일본의 라-멘 가게 중에는 면의 익힘 정도를 고를 수 있는 곳도 있어요. 카타멘은 심이 살아 있는 꼬들꼬들한 면이에요.

깨끗

맥주를 많이 좋아하시나 보다..

여기 '시오 라-멘 세트' 나왔습니다.
감사합니다

저… 그리고 생맥주 한 잔 더 주세요.
하하

후~
근엄
진지

후루룩!
꿀꺽
꿀꺽
아앙~
쓰읍
왠지 얼굴이 더 커진 느낌..
흡하 흡하 잘 먹었다~.

시오 라-멘 세트에 생맥주 세 잔,
모두 2,860엔입니다.
네, 여기 3,000엔이요.

네, 거스름돈 140엔
입니다. 감사합니다.
짤랑

네, 잘 먹었습니다.

역시 과식했네. 후…후….
후..?

후식은 뭘 먹지?

메이지 유신으로 개항과 함께 중국인 거리와 중국 요리점이 생기면서 중화요리가 퍼지게 되었어요. 이때 일본에 소개된 중국의 '납면'이 지금의 라-멘의 시초라고 해요.

일본 경제가 어렵던 1940년대부터 라-멘은 서민들의 든든한 한 끼 식사로 허기를 달래 주었어요. 이 소박하던 음식이 일본인들의 장인 정신으로 일본을 대표하는 음식으로 발전하게 되었죠. 일본 사람들 중에는 인기 있는 라-멘 한 그릇을 먹기 위해 긴 줄을 기다리는 사람도 많아요. 면은 주로 생면을 즐기고, 진한 국물부터 담백한 국물까지 가게마다 다양한 라-멘을 선보이고 있어요.

1 면의 종류

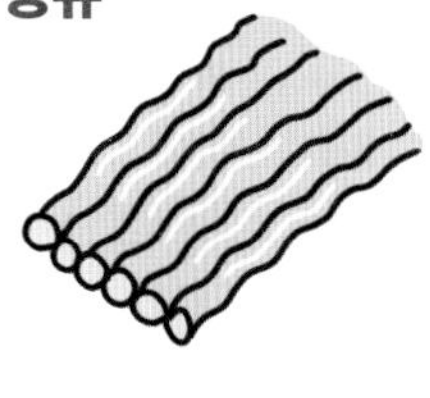

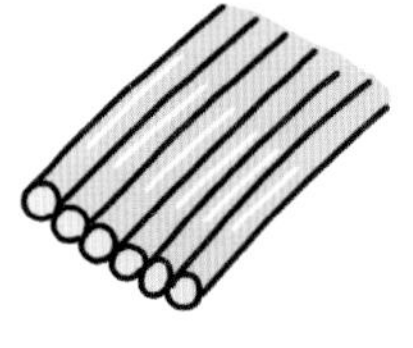

ちぢれ

곱슬곱슬해서 면에 국물이 잘 배어요.

ストレート

국수처럼 직선으로 뽑은 면이에요.

라-멘를 즐기는 tip!

替え玉(かえだま): 면 사리예요. 라–멘은 국물까지 마시기보다는 면만 건져 먹는 음식이라는 인식이 있어서, 면을 다 건져 먹고 추가로 면 사리를 시킬 수 있는 가게가 많아요. 그래서 국물의 간이 조금 센 편이기도 해요. 간혹 무료로 제공하는 가게도 있으니 놓치지 마세요!

2 면의 두께

細麺(ほそめん): 얇은 면

中細麺(ちゅうほそめん): 중간 얇은 면

中太麺(ちゅうふとめん): 중간 두꺼운 면

太麺(ふとめん): 두꺼운 면

3 면의 익힘 정도

やわらかめ: 면이 부드러워질 때까지 푹 익힌 정도예요.

普通(ふつう): 보통으로 가장 일반적인 익힘의 정도예요.

硬め(かため): 꼬들꼬들한 상태로 심이 남아 있는 정도예요.

라-멘를 즐기는 tip!

가게에 따라서 면의 익힘 정도를 선택할 수 있는 곳도 있어요. 취향대로 주문해도 좋고, 잘 모르겠다 싶으면 **普通**(ふつう)로 주문하면 무난해요!

4 국물 베이스

牛骨(ぎゅうこつ)

소 뼈를 우려 만든 국물이에요.

豚骨(とんこつ)

돼지 뼈를 우려 만든 국물이에요.

鶏(とり)**ガラ**

닭 뼈를 우려 만든 국물이에요.

削(けず)**り節**(ぶし)**, 煮干**(にぼ)**し**

가다랑어 포, 멸치 등을 우려 만든 국물이에요.

5 맛의 베이스 (양념)

塩(しお)

소금으로 간을 맞춘
가장 깔끔한 맛의 라-멘 이에요.

醤油(しょうゆ)

간장으로 간을 맞춘 맑은 색의 라-멘이에요.

같은 양념이라도
라멘집 마다
맛은 천차만별!

味噌(みそ)

된장으로 간을 맞춘 라-멘. 삿포로가 유명해요.

라-멘를 즐기는 tip!

한 가지 국물만 쓰기보다는 채소野菜(やさい) 등 여러 가지 재료를 블렌딩하는 경우가 많아요.

6 고명

チャーシュー

중국식으로 조리된 돼지고기 수육이에요.

メンマ

중국식으로 조리된 죽순 장아찌예요.

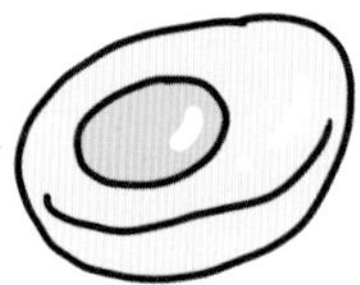

卵(たまご)

완숙 또는 반숙 계란이 나오고
양념이 밴 달걀이 나오는 가게도 있어요.

ネギ

파의 부위별로 흰색, 초록색을
선택할 수 있기도 해요.

海苔(のり)

일본식 두꺼운 김이 올라가요.

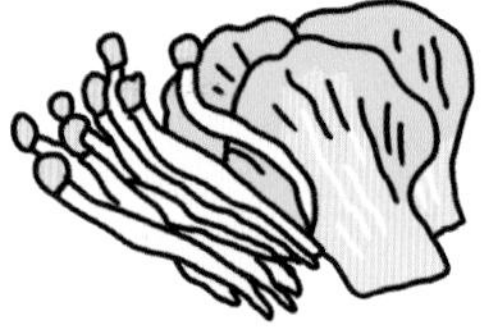

野菜(やさい)

숙주, 양배추 등 다양한 채소 고명이 올라가요.

라-멘를 즐기는 tip!

가게에 따라 모든 고명을 올리는 全部乗せ(ぜんぶのせ)가 있으니, 고민된다면 全部乗せ(ぜんぶのせ)로!

7 전국 각지의 유명 라-멘 명소

삿포로
라-멘 요코쵸
札幌(さっぽろ)ラーメン横丁(よこちょう)
(北海道札幌市中央区(ほっかいどうさっぽろしちゅうおうく))

도쿄
라-멘 스트리트
東京(とうきょう)ラーメンストリート
(東京駅一番街(とうきょうえきいちばんがい))

신요코하마
라-멘 박물관
新横浜(しんよこはま)ラーメン博物館(はくぶつかん)
(神奈川県横浜市(かながわけんよこはまし))

후쿠오카
라-멘 스타디움2
ラーメンスタジアム2
(福岡県福岡市(ふくおかけんふくおかし))

라-멘를 즐기는 tip!

그밖에도 다양한 라-멘 명소가 있으니, 들러 보세요!

8 유명 라-멘 탐방 방송

『日本全国(にほんぜんこく)ラーメン選手権(せんしゅけん)』(TBS 2006年 2月~)

전국의 유명한 라-멘을 먹으러 다니는 방송 (아~ 제작진이 부러워요 ㅠ)

라-멘과 마찬가지인 중화요리로, 일본에서는 라-멘과 짝꿍처럼 붙어 다니는 메뉴! 보통 구운 만두를 교-자라고 하고, 한쪽 면을 바짝 익혀서 바삭한 겉면을 즐긴답니다. 탄 거 아니에요~! 표기는 餃子(ぎょうざ) 또는 ギョーザ라고 해요.

1 조리법에 따른 교-자

焼(や)き餃子(ぎょうざ)

구운 교-자. 가장 인기가 많은 교-자 조리법이에요.

水餃子(すいぎょうざ)

삶은 교-자. 우리의 물만두와 비슷한 교-자예요.

揚(あ)げ餃子(ぎょうざ)

튀긴 교-자. 바삭한 튀김의 식감을 즐기는 교-자예요.

2 교-자의 주요 재료

돼지고기 豚肉(ぶたにく)

양배추 キャベツ

마늘 ニンニク

부추 ニラ

교-자를 즐기는 tip!

간장, 식초, 라-유(고추기름)를 섞은 양념에 찍어 먹으면 더 맛있어요!

일본어정복

1 인사말

일본어	한국어	설명
おはようございます	안녕하세요	아침인사. 반말은 おはよう
こんにちは	안녕하세요	점심인사. こんにちは의 は는 [하]가 아니라 [와]로 읽음
こんばんは	안녕하세요	저녁인사. こんばんは의 は는 [하]가 아니라 [와]로 읽음
はじめまして	처음 뵙겠습니다	
よろしくお願(ねが)いします	잘 부탁 드리겠습니다	
いってきます	다녀오겠습니다	
いってらっしゃい	잘 다녀오세요	
ただいま	다녀왔습니다	
おかえりなさい	어서 오세요	외출 후 귀가 시에 반겨주는 인사말, 반말은 おかえり
いらっしゃいませ	어서 오세요	상점 등에서 손님을 맞이하는 인사말
いただきます	잘 먹겠습니다	
ごちそうさまでした	잘 먹었습니다	반말은 ごちそうさま
お疲(つか)れ様(さま)でした	수고하셨습니다	반말은 お疲(つか)れ様(さま)
さようなら 또는 さよなら	헤어질 때 인사	오랫동안 헤어지거나 먼 곳으로 갈 때 쓰는 인사말
では、また!	그럼 또 봐!	일상에서 헤어질 때 쓰는 인사말로 じゃ また、またね 등으로 줄여서 말하기도 함
おやすみなさい	안녕히 주무세요	반말은 おやすみ

すみません	죄송합니다	그밖에도 실례합니다, 고맙습니다 등 다양한 의미로 사용함
ありがとうございます	감사합니다	반말은 ありがとう
どうも	고맙습니다	친한 사이끼리는 만났을 때 인사말로 쓰기도 함
どうぞ	자, 여기요	상황에 따라 다양한 행동을 권유할 때 사용할 수 있음

아, 너무 많아요.

すみません, ありがとうございます, こんにちは, どうぞ 등은 사용 빈도가 높으니 먼저 외우도록 하세요!

2 숫자

1) 숫자

0	1	2	3	4	5
ゼロ・れい	いち	に	さん	し・よん	ご
6	7	8	9	10	
ろく	しち・なな	はち	きゅう・く	じゅう	

0은 영어랑 일본어를 쓰는 거 같은데… 나머지 읽는 방법이 두 개씩 있는 건 뭔가요?

4, 7, 9는 읽는 방법이 두 개씩입니다.

4의 し는 죽음이라는 뜻과 발음이 같아서 よん이라는 읽는 방법이 생겼어요.

7은 しち가 죽은 땅 또는 죽음의 땅이라는 발음과 같아서 なな라는 읽는 방법이 있는 거고요.

9는 く가 고생, 괴롭다라는 뜻과 발음이 같아서 きゅう라는 읽는 방법이 생긴 거예요.

10	20	30	40	50
じゅう	にじゅう	さんじゅう	よんじゅう	ごじゅう
60	70	80	90	
ろくじゅう	ななじゅう	はちじゅう	きゅうじゅう	

어, 앞에서 배운 숫자에 じゅう만 더하면 되는 거 같은데, 맞나요?

맞아요! 10이라는 뜻의 じゅう 앞에 2, 3, 4…를 붙여서 말하면 20, 30, 40… 이 됩니다. 단, 읽는 방법이 두 개씩 있는 4, 7, 9는 주의하세요!

100	200	300	400	500
ひゃく	にひゃく	さんびゃく	よんひゃく	ごひゃく
600	700	800	900	
ろっぴゃく	ななひゃく	はっぴゃく	きゅうひゃく	

뭔가 규칙이 보이는 거 같아요.

10 단위와 마찬가지로 100이라는 뜻의 ひゃく에 2, 3, 4… 등을 붙이면 됩니다. 단 숫자별로 ひゃく의 읽는 방법이 300에서는 びゃく, 또 600과 800에서는 ぴゃく로 바뀌므로 주의하세요!

1,000	2,000	3,000	4,000	5,000
せん	にせん	さんぜん	よんせん	ごせん
6,000	7,000	8,000	9,000	
ろくせん	ななせん	はっせん	きゅうせん	

마찬가지로 1,000을 뜻하는 せん에 2, 3, 4… 등을 붙이면 됩니다. 단 3,000은 せん의 읽는 방법이 ぜん으로 바뀌므로 주의하세요!

10,000	20,000	30,000	40,000	50,000
いちまん	にまん	さんまん	よんまん	ごまん
60,000	70,000	80,000	90,000	
ろくまん	ななまん	はちまん	きゅうまん	

10,000을 뜻하는 まん에 1, 2, 3, 4… 등을 붙이면 됩니다.

우리말에서는 억부터 '일억'이라고 하지만 일본은 10,000 단위도 '일만'이라고 하는 것에 주의하세요!

2) 숫자 세기

	~명 人	~개 つ	~잔 杯
몇~	なんにん	いくつ	なんばい
1	ひとり	ひとつ	いっぱい
2	ふたり	ふたつ	にはい
3	さんにん	みっつ	さんばい
4	よにん	よっつ	よんはい

5	ごにん	いつつ	ごはい
6	ろくにん	むっつ	ろっぱい
7	ななにん	ななつ	ななはい
8	はちにん	やっつ	はっぱい
9	きゅうにん	ここのつ	きゅうはい
10	じゅうにん	とお	じゅっぱい

1, 2, 3, 4… 랑 완전 다르잖아요? ㅠㅠ

진정하고 우리말을 생각해 봐요. 일이삼사-하나둘셋넷 이렇게 다르게 말하잖아요?! 일본어도 그렇답니다. 다 외우지 말고 필요한 만큼의 숫자를 먼저 외우세요. 친구와 둘이 여행 간다면, 두 명과 두 개 정도까지만 먼저 외워서 사용하세요! 그리고 '~잔'은 '~개'로 말해도 통해요! 그러니 '~개'를 먼저 외우는 것이 좋아요!

갑자기 외울게
많아졌..
이따가 맛있는 거
사줄게요!
역시 외울게 많아야
공부할 맛이 나지!

1) 인사말을 써 보세요.

한국어	일본어
안녕하세요 (아침 인사)	
안녕하세요 (낮 인사)	
안녕하세요 (저녁 인사)	
처음 뵙겠습니다	
잘 부탁 드리겠습니다	
다녀오겠습니다	
잘 다녀오세요	
다녀왔습니다	
어서 오세요 (외출 후 귀가 시)	
어서 오세요 (상점에서 손님에게)	

잘 먹겠습니다	
잘 먹었습니다	
수고하셨습니다	
헤어질 때 인사	
그럼 또 봐!	
안녕히 주무세요	
죄송합니다	
감사합니다	
고맙습니다	
자, 여기요	

2) 숫자를 써 보세요.

0	1	2	3	4	5
6	7	8	9	10	

10	20	30	40	50
60	70	80	90	

100	200	300	400	500
600	700	800	900	

1,000	2,000	3,000	4,000	5,000
6,000	7,000	8,000	9,000	

10,000	20,000	30,000	40,000	50,000
60,000	70,000	80,000	90,000	

3) 다음 숫자를 써 보세요.

82	
351	
1,965	

18,290	
35,600	
643,500	

4) 조수사를 써 보세요.

	~명 人	~개 つ	~잔 杯
몇~			
1			
2			
3			
4			
5			
6			

7			
8			
9			
10			

5) 조수사를 써 보세요.

1명	
2명	
1개	
2개	
3개	
1잔	

1) 인사말을 써 보세요.

한국어	일본어
안녕하세요 (아침 인사)	おはようございます [오하요-고자이마스]
안녕하세요 (낮 인사)	こんにちは [콘니치와]
안녕하세요 (저녁 인사)	こんばんは [콤방와]
처음 뵙겠습니다	はじめまして [하지메마시테]
잘 부탁 드리겠습니다	よろしくお願(ねが)いします [요로시쿠오네가이시마스]
다녀오겠습니다	いってきます [잇테키마스]
잘 다녀오세요	いってらっしゃい [잇테랏샤이]
다녀왔습니다	ただいま [타다이마]
어서 오세요 (외출 후 귀가 시)	おかえりなさい [오카에리나사이]
어서 오세요 (상점에서 손님에게)	いらっしゃいませ [이랏샤이마세]

잘 먹겠습니다	いただきます [이타다키마스]
잘 먹었습니다	ごちそうさまでした [고치소-사마데시타]
수고하셨습니다	お疲(つか)れ様(さま)でした [오츠카레사마데시타]
헤어질 때 인사	さようなら 또는 さよなら [사요-나라 / 사요나라]
그럼 또 봐!	では、また! [데와, 마타!]
안녕히 주무세요	おやすみなさい [오야스미나사이]
죄송합니다	すみません [스미마셍]
감사합니다	ありがとうございます [아리가토-고자이마스]
고맙습니다	どうも [도-모]
자, 여기요	どうぞ [도-조]

2) 숫자를 써 보세요.

0	1	2	3	4	5
ゼロ・れい [제로 / 레이]	いち [이치]	に [니]	さん [산]	し・よん [시/욘]	ご [고]
6	7	8	9	10	
ろく [로쿠]	しち・なな [시치/나나]	はち [하치]	きゅう・く [큐- / 쿠]	じゅう [쥬-]	

10	20	30	40	50
じゅう [쥬-]	にじゅう [니쥬-]	さんじゅう [산쥬-]	よんじゅう [욘쥬-]	ごじゅう [고쥬-]
60	70	80	90	
ろくじゅう [로쿠쥬-]	ななじゅう [나나쥬-]	はちじゅう [하치쥬-]	きゅうじゅう [큐-쥬-]	

100	200	300	400	500
ひゃく [햐쿠]	にひゃく [니햐쿠]	さんびゃく [삼뱌큐]	よんひゃく [욘햐쿠]	ごひゃく [고햐쿠]
600	700	800	900	
ろっぴゃく [롭퍄쿠]	ななひゃく [나나햐쿠]	はっぴゃく [합퍄쿠]	きゅうひゃく [큐-햐쿠]	

1,000	2,000	3,000	4,000	5,000
せん [센]	にせん [니센]	さんぜん [산젠]	よんせん [욘센]	ごせん [고센]
6,000	7,000	8,000	9,000	
ろくせん [록센]	ななせん [나나센]	はっせん [핫센]	きゅうせん [큐-센]	

10,000	20,000	30,000	40,000	50,000
いちまん [이치망]	にまん [니망]	さんまん [삼망]	よんまん [욤망]	ごまん [고망]
60,000	70,000	80,000	90,000	
ろくまん [로쿠망]	ななまん [나나망]	はちまん [하치망]	きゅうまん [큐-망]	

3) 다음 숫자를 써 보세요.

82	はちじゅうに [하치쥬-니]
351	さんびゃくごじゅういち [삼뱌쿠고쥬-이치]
1,965	せんきゅうひゃくろくじゅうご [센큐-햐쿠로쿠쥬-고]

18,290	いちまんはっせんにひゃくきゅうじゅう [이치망핫센니햐쿠큐-쥬-]
35,600	さんまんごせんろっぴゃく [삼망고센롭퍄쿠]
643,500	ろくじゅうよんまんさんぜんごひゃく [로쿠쥬-욤망산젠고햐쿠]

4) 조수사를 써 보세요.

	~명 人	~개 つ	~잔 杯
몇~	なんにん [난닝]	いくつ [이쿠츠]	なんばい [남바이]
1	ひとり [히토리]	ひとつ [히토츠]	いっぱい [입파이]
2	ふたり [후타리]	ふたつ [후타츠]	にはい [니하이]
3	さんにん [산닝]	みっつ [밋츠]	さんばい [삼바이]
4	よにん [요닝]	よっつ [욧츠]	よんはい [욘하이]
5	ごにん [고닝]	いつつ [이츠츠]	ごはい [고하이]
6	ろくにん [로쿠닝]	むっつ [뭇츠]	ろっぱい [롭파이]

7	ななにん [나나닝]	ななつ [나나츠]	ななはい [나나하이]
8	はちにん [하치닝]	やっつ [얏츠]	はっぱい [합파이]
9	きゅうにん [큐-닝]	ここのつ [고고노츠]	きゅうはい [큐-하이]
10	じゅうにん [쥬-닝]	とお [토-]	じゅっぱい [즙파이]

5) 조수사를 써 보세요.

1명	ひとり [히토리]
2명	ふたり [후타리]
1개	ひとつ [히토츠]
2개	ふたつ [후타츠]
3개	みっつ [밋츠]
1잔	いっぱい [입파이]

3강

한국과 일본의 문장 구조와 꼬치 사랑은 같다!

기본 구조 & 명사 활용

오늘은 뭘 먹을까나..

앗.. 어디서 향긋한 냄새가..?
킁
킁

Qさんの上海厨房
킁킁
킁킁

焼き鳥

여긴!.. 야키토리 가게네.
오늘 같은 우중충한 날씨에
딱이군.
아무
근거
없음

어서 오세요. 몇 분이신가요?
아, 한명입니다.(1)

편한 자리에 앉으세요.

역시 야키토리는 이렇게
굽는 걸 직접 볼 수 있는
자리가 좋아!

음료는 뭘로 하시겠어요?
먼저, 생맥주 하나 주세요.(2)

그럼 먹고 싶었던 걸 모조리 시켜 볼까?

ねぎま
せせり
어디 보자. 이 종이에 체크
해서 주문하는 방식이군.

그러면 처음부터 끝까지
다 체크하면 되겠군.
후훗!
대식가란..

침착해~
잠깐! 야키토리는
한 번에 많이 시키면
먹는 동안 식어서
맛이 없어요.
먹을 때마다 조금씩
시켜서 가장 맛있는
상태에서 먹도록 해요.

어디서 유리링의
음성이...

그럼 음… 세 개 정도는 한 번에 먹을 수 있을 거 같은데…
たれ
し
그런데 이건 뭐지? '타레'와 '시오'라…
무슨 콤비 이름 같은걸?
타레 & 시오
여기 생맥주와 기본 안주입니다. 주문하시겠어요?
일본의 술집은 기본 안주가 나오는 곳이 많아요.
보통 200~300엔 사이로, 자리 값이라고 보면 됩니다.
お通し(오토-시)

'타레'와 '시오'는 뭔가요?(3)

'타레'는 저 손님이 드시는 거예요.
달달한 간장 양념입니다.
아하

아! 그럼 '시오'는 저~~ 손님이 드시는 하얀 것이군요!
네네

'타레'는 가게마다 특징을 갖고 있고, 보통 달달한 간장맛의 양념을 사용해요.
그리고 '시오'는 재료의 맛을 최대한 살리기 위해 소금간만 한 야키토리예요.
타레
(たれ)
시오
(しお)

음..

깔끔한 시오를 먼저 드시고,
타레를 시키는 걸 추천합니다.
앗

아.. 역시 그렇게 하는 게 좋겠죠!
저도 그렇게 생각했어요!!

그럼 시오로 닭 가슴살
하나, 닭 날개 하나,
닭 목살 하나 주세요
네

많이 덥나?..
휴... 당황한
모습을 보일
뻔했군.

치이이이익~

야키토리 나왔습니다. 왼쪽부터 닭 가슴살,
닭 날개, 닭 목살입니다. 맛있게 드세요.

우와!! 맛있겠다. 이렇게 한 번에
다 빼서, 와구와구~
쓰윽

잠깐

그리고 자리에 꼬치통 수거함이
있다면 다 먹은 꼬치는 거기에
넣으세요.
먹으면서도 꼬치를 깔끔하게
정리할 수 있어요.

감사합니다.. 앗, 맞다!
'타레'도 주문해야지

여기 타레로 닭고기와 파 꼬치 하나, 닭 껍질 하나, 닭고기 완자 주세요.

음..

네
그리고 생맥주도 하나 더 주세요.(7)

냠냠. 시오도 맛있지만, 타레는 더 기대가 된단 말이지!
응?

오호..

질 수 없다!

쟤 뭐야..
무서워..

여기 주문하신 닭고기와 파 꼬치, 닭 껍질, 닭고기 완자입니다.

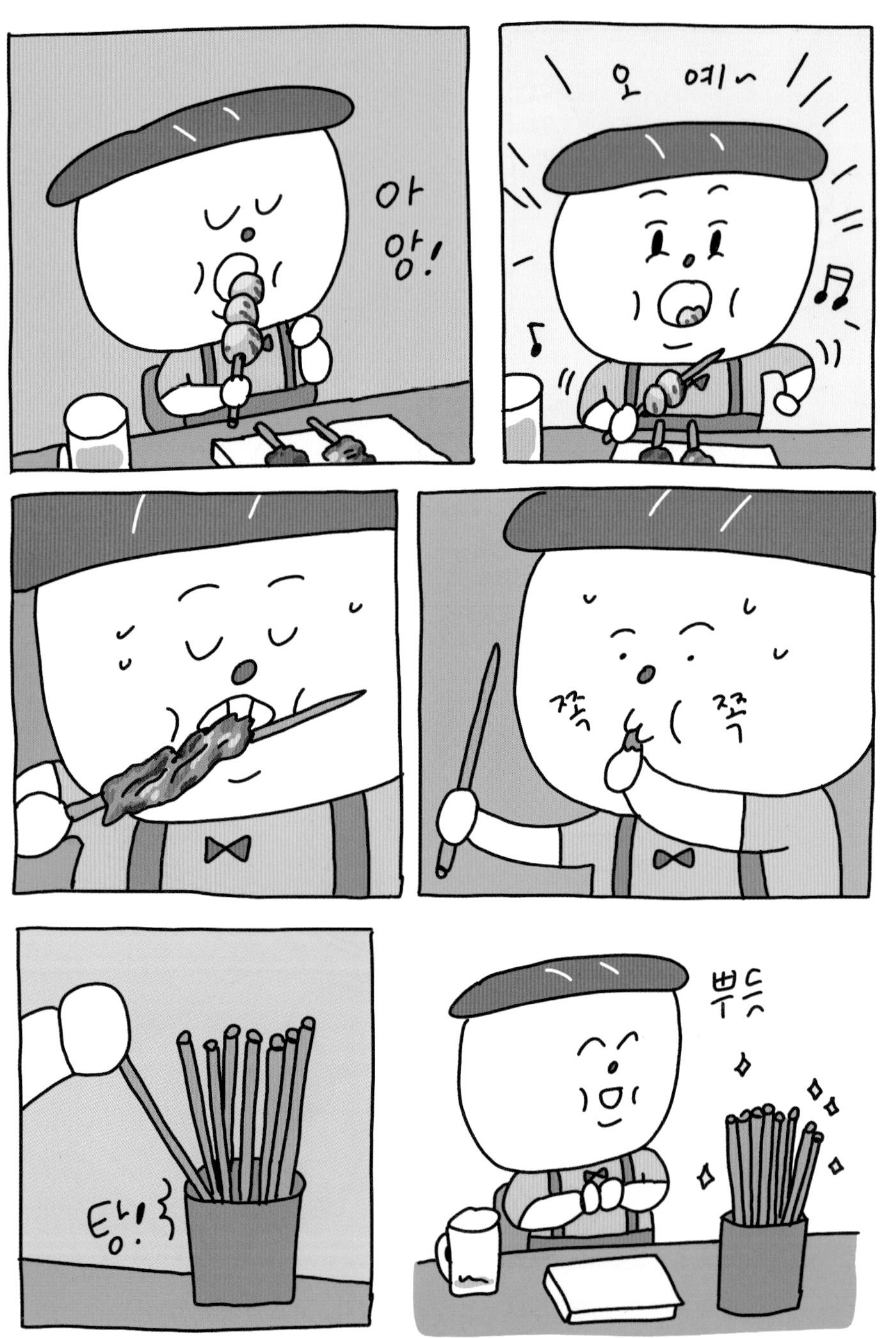
아앙!
오 예~
쭉 쭉
탕!
뿌듯

마지막으로 깔끔하게 입가심을 하고 싶은데 말이지..
너무 하드한 것 말고, 부드럽지만 뭔가 만족감을 주는 그런 음식!

여기요, 식사 메뉴 중에 추천 메뉴는 무엇인가요? (8)

식사 메뉴로는 오챠즈케를 추천합니다.

오챠즈케라.. 완벽해.

끄덕

네, 그럼 그걸로 부탁합니다. (9)

네네

야키토리는 꼬치에 끼워서 구운 닭고기라는 의미이지만, 사실 다양한 재료의 꼬치구이를 함께 팔고 있어요. 깔끔한 소금양념부터 달달한 간장베이스의 양념까지, 재료와 취향에 따라 주문할 수 있어요. 저렴하고 다양한 메뉴로 맥주 안주의 대명사예요!

1 맛의 종류

간장, 맛술, 설탕 등의 배합의 양념을 굽는 동안 바르면서 조리해요. 달달하고 짭짭한 맛이 밥 반찬으로도 맛있어요.

しお

시 오

소금으로 간을 해서 재료와 불맛을 온전히 즐길 수 있는 조리 방법이에요. 섬세한 맛을 가진 부위는 시오를 추천해요.

야키토리를 즐기는 tip!

'しお'를 먼저 먹고 'たれ'를 먹으면 다양한 맛을 즐길 수 있어요. たれ는 매일 쓸 분량을 만들기도 하고, '씨간장'처럼 오랫동안 사용한 たれ에 재료를 추가하기만 하는 방법으로, 닭고기의 감칠맛이 풍부하게 녹아 있는 たれ를 쓰는 집도 있어요~!

그리고 취향에 따라서

고춧가루 一味唐辛子(いちみとうがらし)

고춧가루와 다양한 향신료 七味唐辛子(しちみとうがらし)

산초가루 粉山椒(こさんしょう)

고추냉이 ワサビ

후추 胡椒(こしょう)

유자풋고추소스 柚子胡椒(ゆずこしょう)

등을 함께 먹으면 더 맛있게 먹을 수 있어요.

2 닭고기 꼬치의 주요 부위

ねぎま

살코기와 파를 한 개씩 번갈아 끼워 구운 꼬치예요.

かわ

닭 껍질의 기름기는 빠지고 고소한 맛만 극대화시킨 꼬치예요.

つくね

닭고기를 다진 후 다양한 채소를 더해서 만든 완자 꼬치예요.

正肉(せいにく)

살코기만 끼워서 구운 꼬치예요. 주로 닭다리 살을 사용해요.

レバー

간 부위의 꼬치예요.

ハツ

염통 부위의 꼬치예요.

手羽先(てばさき)

닭 날개를 끼워 구운 꼬치예요.

ささみ

닭 가슴살로, 주로 '시오'로 먹어요.

せせり

닭 목의 주변 살로, 주로 '시오'로 먹어요.

ヤゲン
(또는 ヤゲン軟骨(なんこつ))

닭의 가슴 연골을 끼워
구운 꼬치예요.

砂肝(すなぎも)

닭의 모래집을 끼워
구운 꼬치예요.

3 닭고기 이외의 꼬치 구이

牛串(ぎゅうくし)

소고기를 끼워 구운 꼬치예요.

銀杏(ぎんなん)

은행을 끼워 구운 꼬치예요.

野菜(やさい)

버섯, 방울 토마토 등
다양한 채소를 끼워서 구워요.

豚(ぶた)バラ

삼겹살을 끼워 구운 꼬치예요. 그밖에도
돼지고기의 다양한 부위를 이용해 만드는데,
이런 돼지고기 꼬치구이를
焼(や)きトン이라고 불러요.

魚介類(ぎょかいるい)

오징어, 새우 등 다양한 해산물을 끼워서 구워요.

오챠즈케는 차나 각종 육수에 밥과 고명을 말아 먹는 음식으로, 간단한 한 끼 식사 또는 술자리에서 마무리 식사로도 많이 먹어요. 술자리의 마무리나 저녁 늦게 간단한 요깃거리로 먹기에도 가볍고 좋아요.

1 고명에 따른 오챠즈케

漬物(つけもの)

장아찌류, 특히 매실장아찌 梅干(うめぼし)를 올린 오챠즈케가 인기예요.

鮭(さけ)

연어를 구워서 올린 오챠즈케예요.

海苔(のり)

김을 올린 오챠즈케예요.

佃煮(つくだに)

조림 요리로, 각종 해산물과 채소 등을 양념에 조려서 만든 음식을 올린 오챠즈케예요.

塩辛(しおから)

각종 생선 부위를 이용한 젓갈을 올려서 만든 오챠즈케예요.

ワサビ

고추냉이를 올린 오챠즈케예요.

たらこ(또는 辛子明太子(からしめんたいこ))

명란젓을 올린 오챠즈케예요.

イクラ

연어 알 절임을 올린 오챠즈케예요.

일본어정복

1 우리말과 일본어 문장 구조 비교

일본어로 문장을 만들어 볼 거예요. 일본어는 우리말과 문장 구조가 매우 닮아 있어요. 그래서 문장 구조 때문에 고민할 필요가 없어요! 그럼 얼마나 비슷한 구조를 갖고 있는지 볼게요.

'내가 주문한 것은 시오입니다만, 이것은 타레가 아닌가요?'

라는 문장을 일본어로 해 보면,

내	가	주문	한	것	은	시오	입니다	만,
わたし	**が**	**ちゅうもん**	**した**	**の**	**は**	**しお**	**です**	**けど**
나,저	이/가	주문	했다, 한	것	은/는	소금	입니다/ 이에요	만 (역접, 화제전환)

이것	은	타레	가 아닌가요	?
これ	**は**	**たれ**	**じゃありません**	**か?**
이것, 이거	은/는	타레	이/가 아닙니다	까?(의문문)

오잉? 정말 똑같잖아요?

그렇죠? 정말 똑같아요. 그래서 간단한 일본어의 문법을 이해하면 문장을 만드는 것은 어렵지 않아요!

2 한 명입니다. (1)

ひとり
一人です。

ひとり 一人	です
한 명, 혼자	입니다, 이에요

두 명이면, 'ふたり 二人です。'인가요?

네, 맞아요. 그럼 잘하니까 과거형으로 '한 명이었어요/혼자였어요'라는 말도 배워 볼게요. 그리고 문장 마지막의 '。' 표시는 문장을 마친다는 의미예요.

ひとり 一人	でした
한 명, 혼자	이었습니다, 이었어요

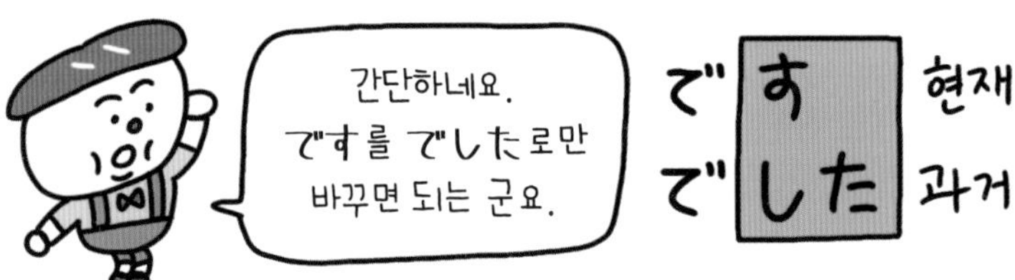

그렇죠! です의 す를 した로만 바꾸면 되는 거예요. 문장을 몇 개 더 만들어 볼게요.

1) 두 명이에요.

ふたり
二人です。

2) 두 명이었어요.

ふたり
二人でした。

3) 세 명이에요.

三人(さんにん)です。

4) 세 명이었어요.

三人(さんにん)でした。

이렇게 사용하면 되니까, 다양하게 응용해 보세요!

3 생맥주 하나 주세요. (2)

生(なま)ビール一(ひと)つください。

生(なま)ビール	一(ひと)つ	ください
생맥주	하나, 한 개	주세요

원하는 메뉴 + ください를 하면 되는군요.

네, 주문하는 것은 잘할 수 있죠?! 몇 문장 더 도전해 볼까요?

1) 우동 한 개 주세요.

うどん一(ひと)つください。

2) 우동 두 개 주세요.

うどん二(ふた)つください。

3) 라면 한 개 주세요.

ラーメン一(ひと)つください。

4) 따뜻한 커피 하나 주세요.

ホットコーヒー一(ひと)つください。

4 '타레'와 '시오'는 뭔가요? (3)

'たれ'と'しお'は何(なん)ですか？

たれ	と	しお	は	何(なん)ですか？
타레	와/과	소금	은/는	무엇입니까?

우리말 '와/과'는 と를 사용하고, '은/는'은 は를 사용하는 군요.

네, 그런데 여기에서 주의할 점이 있어요! は는 평소에는 [하]라고 읽지만, 우리말 '은/는'에 해당하는 조사로 쓰이면 [와]라고 읽어야 해요. 조심하세요!

は는 읽는 방법이 두 개인 셈이네요. 일본어에 또 그런 글자가 있나요?

하나 더 있어요. へ라는 글자로 평소에는 [헤]라고 읽지만, 우리말 '(장소)에, 으로'에 해당하는 조사로 쓰이면 [에]라고 읽어야 해요. 예를 들어,

1) 도쿄로 갑니다.

東京(とうきょう)へ行(い)きます。

2) 학원으로 왔습니다.

塾(じゅく)へ来(き)ました。

3) 한국으로 돌아갑니다.

韓国(かんこく)へ帰(かえ)ります。

이렇게 '(장소)에, 으로'에 사용하는 조사 へ예요. 읽을 때는 [에]로 읽는다는 것 잊지 마세요!

5 이게 닭 목살인가요? (4)

これがせせりですか？

これ	が	せせり	ですか？
이것, 이거	이/가	닭 목살	인가요?

1) 일본행이에요?

日本(にほん)行(ゆ)きですか？

2) 도쿄행이에요?

東京(とうきょう)行(ゆ)きですか？

3) 신주쿠행이에요?

新宿(しんじゅく)行(ゆ)きですか？

이렇게 의문문은 문장 마지막에 か를 붙이고 억양을 살짝 올리세요!

6 아니요. 이건 닭 목살이 아닙니다. (5)

いいえ、これはせせりじゃありません。

いいえ	これ	は	せせり	じゃありません
아니요	이것	은/는	닭 목살	이 아닙니다

부정표현은 じゃありません을 사용해요. 이때 じゃ는 부정문에서만 사용하는 '이/가'라는 거 잊지 마세요!

어쩐지 앞에서 '이/가'는 が라고 배웠는데 당황했어요.

그래서 じゃありません이라고 붙여서 외우는 게 좋아요!

じゃありません!!

그리고, 과거 시제로 만들려면, でした를 붙여서 じゃありませんでした라고 하면 '~이 아니었습니다' 라고 할 수 있어요. 예를 들어 '야키토리가 아니었어요' 는 焼(や)き鳥(とり)じゃありませんでした。라고 해요.

焼(や)き鳥(とり)	じゃありませんでした
야키토리	가 아니었어요

연습을 좀 더 해 볼게요.

1) 아이스커피가 아니에요.

アイスコーヒーじゃありません。

2) 아이스커피가 아니었어요.

アイスコーヒーじゃありませんでした。

3) 아이스커피가 아니에요?

アイスコーヒーじゃありませんか？

4) 아이스커피가 아니었어요?

アイスコーヒーじゃありませんでしたか？

7 이게 닭 목살이겠군요. (6)

これがせせりですよね。

これ	が	せせり	ですよね
이것, 이거	이/가	닭 목살	이겠군요

문장+よね는, 상대에게 확인과 동의를 구하는 문장을 만들 수 있어요. 그리고 문장+よ는 상대에게 강조하거나 새로운 정보를 줄 때, 문장+ね는 상대와 공감을 표현할 때 사용한답니다. 예를 들어,

이렇게요. 또는

1) 참치겠군요!

マグロですよね!

2) 참치랍니다!

マグロですよ!

3) 참치네요!

マグロですね!

아하! 어쩐지 많이 들어 본 표현이었어요.

앞으로도 자주 등장할 거예요! 쓰임을 잘 익혀 두면, 일본인과 대화할 때 더 자연스러운 일본어를 구사할 수 있으니, 잘 익혀 두세요.

8 생맥주도 하나 더 주세요. (7)

生(なま)ビールももう一(ひと)つください。

生(なま)ビール	も	もう	一(ひと)つ	ください
생맥주	도	더	하나, 한 개	주세요

우리말 '도'는 も를 사용하는군요. 그런데 이상한 점을 발견했어요! '하나 더'는 우리말과 순서가 다른데요!

간혹 이런 경우가 있어요. 일본어로는 '더 하나' 라고 하니, 조심하세요!

문장을 더 연습해 볼게요.

1) 병맥주, 하나 더 주세요.

瓶(びん)ビール、もう一(ひと)つください。

2) 우롱차, 하나 더 주세요.

ウーロン茶(ちゃ)、もう一(ひと)つください。

3) 콜라, 하나 더 주세요.

コーラ、もう一(ひと)つください。

일본에서 추가 주문할 때 편하게 사용할 수 있는 표현이니 연습해 두세요!

9 추천메뉴는 무엇인가요? (8)

おすすめは何(なん)ですか？

おすすめ	は	何(なん)ですか？
추천(메뉴)	은/는	무엇인가요?

'추천'이라는 おすすめ라는 단어를 외워 두면, 여러모로 유용하게 쓸 수 있어요. 어떤 걸 먹을 지 망설여 질 때, 뭘 살지 망설여 질 때도 사용해 보세요! 그 밖에도 이렇게 말할 수도 있어요.

1) 추천(메뉴)은 어느 것인가요?

おすすめはどれですか？

2) 추천(메뉴), 부탁합니다.

おすすめ、お願(ねが)いします。

3) 추천(메뉴)은…

おすすめは…

10 그걸로 부탁합니다. (9)

それでお願(ねが)いします。

それ	で	お願(ねが)いします
그것, 그거	으로/로	부탁합니다

'부탁합니다' お願(ねが)いします를 사용하면, ください보다 더 정중한 느낌으로 말할 수 있어요. 또는 이렇게 말할 수도 있어요.

1) 이거 부탁합니다.

これお願(ねが)いします。

2) 이거 주세요.

これください。

문법정리

1) やすみ의 다양한 활용

		현재	과거
긍정	보통	やすみだ 휴일이다	やすみだった 휴일이었다
	정중	やすみです 휴일입니다	やすみでした 휴일이었습니다
부정	보통	やすみじゃない 휴일이 아니다	やすみじゃなかった 휴일이 아니었다
	정중 1	やすみじゃないです 휴일이 아니에요	やすみじゃなかったです 휴일이 아니었어요
	정중 2	やすみじゃありません 휴일이 아닙니다	やすみじゃありませんでした 휴일이 아니었습니다

*じゃ는 では의 줄임말로 회화에서는 じゃ를 많이 사용해요.

2) こいびと의 다양한 활용

		현재	과거
긍정	보통	こいびとだ 애인이다	こいびとだった 애인이었다
	정중	こいびとです 애인입니다	こいびとでした 애인이었습니다
부정	보통	こいびとじゃない 애인이 아니다	こいびとじゃなかった 애인이 아니었다
	정중 1	こいびとじゃないです 애인이 아니에요	こいびとじゃなかったです 애인이 아니었어요
	정중 2	こいびとじゃありません 애인이 아닙니다	こいびとじゃありませんでした 애인이 아니었습니다

* では = じゃ

3) 조사 정리

1. と: 와/과
2. は: 은/는
3. が: 이/가
4. も: 도
5. で: 으로/로(수단)
6. へ: 으로/에(장소)
7. じゃ: 이/가(부정문에서만 사용)

1) 다음 활용을 완성해 보세요. (참고 단어: 야키토리, 焼き鳥(やきとり))

		현재	과거
긍정	보통	야키토리다	야키토리였다
	정중	야키토리입니다	야키토리였습니다
부정	보통	야키토리가 아니다	야키토리가 아니었다
	정중 1	야키토리가 아니에요	야키토리가 아니었어요
	정중 2	야키토리가 아닙니다	야키토리가 아니었습니다

2) 다음 문장을 일본어로 완성해 보세요.

참고단어: 이것 これ / 그것 それ / 저것 あれ / 어느 것 どれ	
이것입니다	
이것이었습니다	
저것은 무엇입니까?	
저것은 무엇이었습니까?	

참고단어: 이것 これ / 그 것 それ / 저것 あれ / 어느 것 どれ	
이것이 아닙니다	
이것이 아니었습니다	
그것이 아닙니까?	
그것이 아니었습니까?	

참고단어: 이것 これ / 그것 それ / 저것 あれ / 어느 것 どれ	
이것 주세요	
이것과 이것 주세요	
저것도 주세요	
저것도 부탁합니다	

1) 다음 활용을 완성해 보세요. (참고 단어: 야키토리, 焼(や)き鳥(とり))

		현재	과거
긍정	보통	焼(や)き鳥(とり)だ [야키토리다] 야키토리다	焼(や)き鳥(とり)だった [야키토리닷타] 야키토리였다
	정중	焼(や)き鳥(とり)です [야키토리데스] 야키토리입니다	焼(や)き鳥(とり)でした [야키토리데시타] 야키토리였습니다
부정	보통	焼(や)き鳥(とり)じゃない [야키토리쟈나이] 야키토리가 아니다	焼(や)き鳥(とり)じゃなかった [야키토리쟈나캇타] 야키토리가 아니었다
	정중 1	焼(や)き鳥(とり)じゃないです [야키토리쟈나이데스] 야키토리가 아니에요	焼(や)き鳥(とり)じゃなかったです [야키토리쟈나캇타데스] 야키토리가 아니었어요
	정중 2	焼(や)き鳥(とり)じゃありません [야키토리쟈아리마셍] 야키토리가 아닙니다	焼(や)き鳥(とり)じゃありませんでした [야키토리쟈아리마셍데시타] 야키토리가 아니었습니다

2) 다음 문장을 일본어로 완성해 보세요.

참고단어: 이것 これ / 그것 それ / 저것 あれ / 어느 것 どれ	
이것입니다	これです [코레데스]
이것이었습니다	これでした [코레데시타]
저것은 무엇입니까?	あれは何(なん)ですか？ [아레와난데스카?]
저것은 무엇이었습니까?	あれは何(なん)でしたか？ [아레와난데시타카?]

참고단어: 이것 これ / 그것 それ / 저것 あれ / 어느 것 どれ	
이것이 아닙니다	これじゃありません [코레쟈아리마셍]
이것이 아니었습니다	これじゃありませんでした [코레쟈아리마셍데시타]
그것이 아닙니까?	それじゃありませんか？ [소레쟈아리마셍카?]
그것이 아니었습니까?	それじゃありませんでしたか？ [소레쟈아리마셍데시타카?]

참고단어: 이것 これ / 그것 それ / 저것 あれ / 어느 것 どれ	
이것 주세요	これください [코레쿠다사이]
이것과 이것 주세요	これとこれください [코레토코레쿠다사이]
저것도 주세요	あれもください [아레모쿠다사이]
저것도 부탁합니다	あれもお願(ねが)いします [아레모오네가이시마스]

4강

니혼슈 가서 이형용사 한 잔!

형용사 활용(이형용사) & 형용사+명사

8시쯤에 우리집으로 와~!
으응, 그래 이따 봐.
깔깔깔

친구들이 음식은 하나씩 가져오기로
했으니, 나는 술을 준비해야겠다.

내가 잘 고를 수 있을까..

내 선택에
4명의
생사가 달렸어..
비장
비장
오바하지마..

근처에 어디 술가게가 있었는데..

일본은 술만 전문적으로 취급하는
가게가 많아요. 맥주나 와인뿐만
아니라 다양한 일본
전통주를 판매하고
있으니, 구경하는
것도 재미있어요.

앗! 찾았다!

어서 오세요.
안녕하세요.

잠시 구경 좀 할게요.
네, 필요하면 불러 주세요.

일단 이쪽은 위스키 종류로군.

그리고 저쪽은 와인이고,

전통주 코너가
가장 크다.

500円
맥주도 이렇게 다양한
종류가 있다니..

음, 이 맥주로 말할 것 같으면..

발포주는 맥아의 비율이 낮고, 가격이 일반 맥주의 절반 정도예요.
맛이 진하지 않은 대신 청량감이 더 살아 있어서 음식과의 궁합이 좋다고
하는 손님도 많아요.

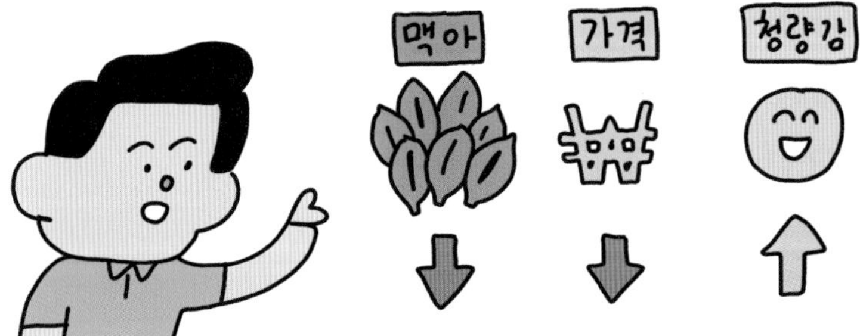

아, 그래요? 그럼 시작은 맥주로,
그 다음은 발포주로 갈아타는
전략이 좋겠군.
사실 취하면 아무거나..
크다..
이쪽에 있는 큰 것은
니혼슈인가요?(3)
전통주 코너 중에
이쪽은 소주이고,
저쪽은 니혼슈예요.
청주를 말하는 거예요.
오호라..
그리고 냉장고에 있는 술은 탁주예요.
한국에도 막걸리가 있죠? 일본에도 비슷한
탁주가 있어요. 니고리슈라고 해요.
오잉 일본에도 막걸리
같은 술이 있다니?!
처음 봤어요!

일본의 소주 가격을 보고 깜짝 놀라는 분들이 많은데, 일본의 소주는 한국의 희석식 소주와는 다른 증류식 소주를 말해요.

그럼 청주는요?
청주는 개봉하면 가급적 빨리
먹는 편이 좋아요.

아핫! 그건 걱정하지
마세욧! 찡긋!
어딜 보는 거지?

어떤 것을
골라야 할까나..?
너무 많다..

아마구치
甘口
단 맛
카라구치
辛口
매운 맛
-쌉싸름한
-드라이한
쉽게 나누자면
단맛과 매운맛의 취향으로
고르면 편해요~

아하! 저는 많이 달지는 않으면서
조금 쌉싸름한 맛이 있으면
좋겠어요.
으음, 냐미
이 제품을 추천 합니다

우아! 감사합니다

아, 맞다. 술을 잘 못 마시는 친구가 있어서 좀 마시기 쉬운 술이 있으면 좋겠는데… 달달한 술은 없나요?
술은 무슨 맛으로 먹지?
이 친구
이쪽이 달달한 술이랍니다.(4) 술이 조금밖에 들어가지 않은 강하지 않은 술입니다.(5)
칵테일의 일종인 사와라고 해요.
오호라
귀여운 패키지네요.(6)
귀엽지만 내가 더 잘할 것 같은데.. 이렇게!
프리티
큐티
...또 도움이 필요하면 불러 주세요.

그럼 맥주랑 발포주를 적당히 사고, 추천해 준 니혼슈에다가 소주도 한 병 담고, 사와도 이것저것 …

일본은 주류의 배달은 물론이고, 한국과 다르게 다양한 종류의 술을 인터넷으로도 주문할 수 있어요. 클릭 몇 번으로 술이 집으로 오는 거죠.

1 맥주 ビール / 발포주 発泡酒(はっぽうしゅ) / 제3맥주 第三ビール(新(しん)ジャンル)

맥주, 발포주, 제3맥주(또는 新장르) 구분의 제일 큰 요소는 맥아(麦芽(ばくが))의 비율이에요. 맥아가 50%가 넘으면 맥주고, 그 이하는 발포주 등으로 불리고 있어요.

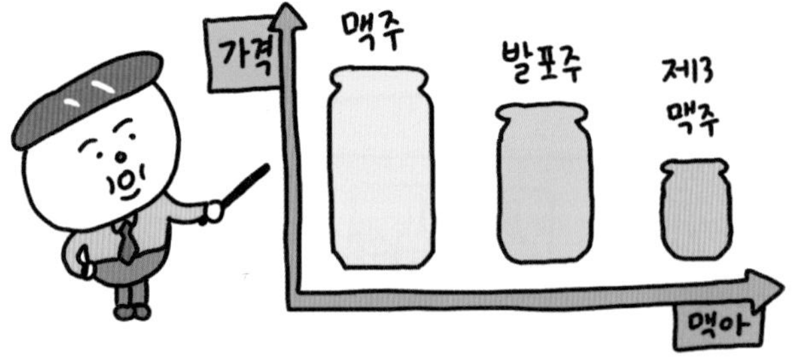

가격도 맥주>발포주>제3맥주 순으로 가격 차이가 커요. 이러한 가격 차이는 일본 주세법에 의해 맥아 비율에 따른 과세가 다르기 때문이지만, 장기적으로 이를 통일하려는 움직임이 있어요.

그렇다면 맛의 차이는 어떨까요?

흔히들 맥아의 비율이 높으면 맥주의 맛이 좋다고 알고 있지만, 사실 향미료를 사용해서 맛을 내고 있는 저렴이도 맛이나 향에서는 뒤지지 않는다는 사람도 있어요.

1) 대표적인 맥주 제품:

아사히 슈퍼드라이, 기린 이치방시보리, 산토리 프리미엄몰츠, 삿포로 에비스

2) 대표적인 발포주 제품:

기린 단레이

3) 대표적인 제3맥주 제품:

킨무기, 노도고시, 클리어 아사히

2 과실주 / 사와 サワー (チューハイ)

대표적인 일본의 과실주는 매실주가 있어요. 우메슈梅酒(うめしゅ)라고 해요.

그밖에도 증류주에 과즙이나, 음료로 맛을 가미한 사와サワー(또는 チューハイ)가 있어요. 술이 조금밖에 들어 있지 않으니 가볍게 마시고 싶은 사람이나, 술의 쓴 맛을 싫어하는 사람에게 좋아요!

3 국산 위스키 / 하이볼 ハイボール

산토리, 닉카, 기린 등에서 만들어지는 위스키가 좋은 평가를 받고 있어요. 그리고 위스키에 탄산수를 희석해서 마시는 것을 하이볼ハイボール 이라고 해요. 술을 잘 못하는 사람도 위스키의 향을 즐길 수 있기 때문에, 인기가 많아요.

4 소주 焼酎(しょうちゅう)

그리고, 소주는 쌀, 보리, 고구마 등 다양한 원재료로 얻은 술을 증류하여 만드는 술로, 물이나 차 등에 희석해서 마시기도 해요. 그래서 일본에서는 소주를 시키면 '무얼 타서 드시겠습니까?' 라고 물어봐요. 얼음물에 희석해서 먹기도 하고, 차에 희석해서 먹기도 해요. 그리고 따뜻한 물에 희석해서 마시는 오유와리 お湯割り(ゆわ)는 소주의 향을 느끼기에 좋은 시음 방법이에요.

5 청주 清酒(せいしゅ)

쌀 등을 원료로 해서 만든 맑은 술을 청주라고 해요. 우리나라에서 사케酒(さけ) 또는 니혼슈日本酒(にほんしゅ)로 불리는 술이 바로 이 청주랍니다. 사케는 넓은 의미로는 전통주를 가리키며 좁은 의미로는 청주를 말하는 거예요. 일본의 청주는 지방에 따라 특색이 있고, 양조장마다 다양한 브랜드의 술을 만들고 있어요. 매해의 쌀 농사에 따라 맛이 달라지기도 해서 주류 품평회도 자주 열려요. 청주는 대개 맛이 강하지 않고 부드럽고 담백해요. 일본의 청주는 와인처럼 등급을 두고 관리 및 생산되고 있고, 술의 상태나 종류에 따라 다양한 분류로 나뉘어져요.

1) 마시는 방법

술에 따라 5℃부터 55℃까지, 마시는 온도가 다음과 같이 다양해요.

2) 일본 전국의 유명한 청주

① 獺祭(だっさい)

양조장, 지역: 旭酒造, 山口県 岩国市

② 十四代(じゅうよんだい)

양조장, 지역: 高木酒造, 山形県 村山市

③ 醸し人九平次(かもしびとくへいじ)

양조장, 지역: 萬乗醸造, 愛知県 名古屋市緑区

④ 黒龍(こくりゅう)

양조장, 지역: 黒龍酒造, 福井県 吉田郡

⑤ 田酒(でんしゅ)

양조장, 지역: 西田酒造店, 青森県 青森市

⑥ 久保田(くぼた)

양조장, 지역: 朝日酒造, 新潟県 長岡市

⑦ 出羽桜(でわざくら)

양조장, 지역: 出羽桜酒造, 山形県 天童市

⑧ 鳳凰美田(ほうおうびでん)

양조장, 지역: 小林酒造, 栃木県 小山市

⑨ 飛露喜(ひろき)

양조장, 지역: 廣木酒造本店, 福島県 河沼郡

⑩ 八海山(はっかいさん)

양조장, 지역: 八海醸造, 新潟県 南魚沼市

⑪ 〆張鶴(しめはりつる)

양조장, 지역: 宮尾酒造, 新潟県 村上市

⑫ くどき上手く(どきじょうず)
양조장, 지역: 亀の井酒造, 山形県 鶴岡市

⑬ 天狗舞(てんぐまい)
양조장, 지역: 車多酒造, 石川県 白山市

⑭ 新政(あらまさ)
양조장, 지역: 新政酒造, 秋田県 秋田市

⑮ 菊姫(きくひめ)
양조장, 지역: 菊姫, 石川県 白山市

⑯ 磯自慢(いそじまん)
양조장, 지역: 磯自慢酒造, 静岡県 焼津市

⑰ 梵(ぼん)
양조장, 지역: 加藤吉平商店, 福井県 鯖江市

⑱ 臥龍梅(がりゅうばい)
양조장, 지역: 三和酒造, 静岡県 静岡市清水区

⑲ 浦霞(うらかすみ)
양조장, 지역: 佐浦, 宮城県 塩竈市

⑳ 真澄(ますみ)
양조장, 지역: 宮坂醸造, 長野県 諏訪市

우리나라에도 수입되고 있는 청주가 많지만, 그밖에도 수많은 종류의 청주가 있으니 청주를 좋아한다면 일본 여행에서 꼭 만나 보도록 하세요!

일본의 대표적인 술인 청주는 오랫동안 술이라는 뜻의 오사케**お酒(さけ)**로 불리다가 다양한 외국 술이 들어오기 시작하면서 니혼슈**日本酒(にほんしゅ)**라는 이름으로 불리기 시작했어요. 처음에는 모든 전통 술을 니혼슈**日本酒(にほんしゅ)**라고 했지만, 지금은 청주를 니혼슈**日本酒(にほんしゅ)**라고 해요. 술의 특징이나 같이 먹는 음식에 따라 상온**ひや**, 냉온**冷酒(れいしゅ)** 또는 따뜻하게**あつかん** 마시기도 해요. 알코올 농도는 15% 정도로, 순한 맛의 술**甘口(あまくち)**에서부터 쓴맛이 강한 술**辛口(からくち)**까지 다양한 맛의 술이 있어요.

그리고 쌀의 정미 배합(쌀의 도정 정도, 숫자가 낮을수록 원재료부터 버려지는 부분이 많아짐)과 술의 원료에 따라 쥰마이다이긴죠, 긴죠 등으로 나누어져요. 쌀과 누룩만으로 만들어지는 쥰마이슈는 농후한 맛이 일품이에요.

	특정명칭주		사용원료	정미배합
1	純米酒(じゅんまいしゅ)	純米大吟醸酒(じゅんまいだいぎんじょうしゅ)	쌀 米(こめ) 누룩 米(こめ)こうじ	50% 이하
2		純米吟醸酒(じゅんまいぎんじょうしゅ)		60% 이하
3		特別純米酒(とくべつじゅんまいしゅ)		60% 이하 또는 특별한 양조방법
4		純米酒(じゅんまいしゅ)		-
5	本醸造酒(ほんじょうぞうしゅ) (양조알코올이 첨가된 청주)	大吟醸酒(だいぎんじょうしゅ)	쌀 米(こめ) 누룩 米(こめ)こうじ 양조알코올 醸造(じょうぞう)アルコール	50% 이하
6		吟醸酒(ぎんじょうしゅ)		60% 이하
7		特別本醸造酒(とくべつほんじょうぞうしゅ)		60% 이하 또는 특별한 양조방법
8		本醸造酒(ほんじょうぞうしゅ)		70% 이하

(자료 출처: 일본국세청, 술 안내서 **日本国税庁、酒のしおり**)

일본어정복

1 비싼 것은 맥주예요. (1)

たか
高いのはビールです。

たか 高い	の	は	ビールです
비싸다, 비싼	것	은/는	맥주입니다.

아 드디어 형용사라는 것을 배우게 되었네요! 그런데 형용사 高(たか)い는 '비싸다' 인지 '비싼' 인지 어떻게 구분하죠?

高(たか)い 뒤에 명사가 오면 '비싼'으로 해석하면 돼요. 예를 들어 이렇게요.

高(たか)いビール 비싼 맥주　　高(たか)いワイン 비싼 와인

참고로 이렇게 기본형이 い로 끝나는 형용사를 'い형용사'라고 해요.

'이형용사' !! 몇 가지 더 연습해 보고 싶어요!

그럴 줄 알고 준비했어요.

1) 가장 빠른 신칸센입니다.

いちばんはや　しんかんせん
一番速い新幹線です。

2) 가장 싼 티켓입니다.

いちばんやす
一番安いチケットです。

3) 가장 재미있는 드라마입니다.

いちばんおもしろ
一番面白いドラマです。

2 싼 것은 맥주가 아니에요. (2)

安(やす)いのはビールじゃありません。

安(やす)い	の	は	ビールじゃありません
싸다, 싼	것	은/는	맥주가 아니에요

이번에도 뒤에 명사 '것' 이 와서 '싼' 으로 해석하는 건가요?

네, 맞아요.

3 큰 것은 니혼슈인가요? (3)

大(おお)きいのは日本酒(にほんしゅ)ですか？

大(おお)きい	の	は	日本酒(にほんしゅ)ですか？
크다, 큰	것	은/는	니혼슈인가요?

이제 완전히 알겠어요. 그리고 의문문이네요. 이 정도는 할 수 있어요!

네, 이제 형용사의 쓰임에 대해서 잘 알게 되었으니, 대답도 배워 볼게요.

4 이쪽이 달달한 술이랍니다. (4)

こちらが甘(あま)いお酒(さけ)ですよ。

こちら	が	甘(あま)い	お酒(さけ)ですよ
이쪽	이/가	달다, 단	술이랍니다

아! 문장 마지막에 よ가 붙은 걸 보니, 상대에게 새로운 정보를 주는 문장이군요!

네, 맞아요! 잘 기억하고 있네요.
그럼, 이번에는 방향에 대한 단어를 정리해 볼게요.

こちら	そちら	あちら	どちら
이쪽	그쪽	저쪽	어느 쪽

こちら 이쪽

そちら 그쪽

あちら 저쪽

どちら 어느 쪽

줄임말로 이렇게 사용하기도 해요.

こっち	そっち	あっち	どっち
이쪽	그쪽	저쪽	어느 쪽

5 강하지 않은 술입니다. (5)

強(つよ)くないお酒(さけ)です。

強(つよ)くない	お酒(さけ)です
강하지 않다, 강하지 않은	술입니다

い형용사의 부정 표현은 마지막의 い를 지우고 くない를 붙이는 거예요.

으아,,,,, 위기가 왔다, 무슨 말인지 모르겠어요 ㅠ

진정해요. 마구로센세, 이렇게 보면 어렵지 않아요.

強(つよ)	い	강하다, 강한
	くない	강하지 않다, 강하지 않은

앞에서 본 단어들도 이렇게 부정형으로 만들어 볼게요.

高(たか)	い	비싸다, 비싼
	くない	비싸지 않다, 비싸지 않은

安(やす)	い	싸다, 싼
	くない	싸지 않다, 싸지 않은

甘(あま)	い	달다, 단
	くない	달지 않다, 달지 않은

아, 이제 좀 진정이 되네요.

그럼 문장으로 연습해 볼게요!

1) 비싸지 않은 이자카야입니다.

高(たか)くない居酒屋(いざかや)です。

2) 싸지 않은 스시집입니다.

安(やす)くない寿司屋(すしや)です。

3) 달지 않은 커피입니다.

甘(あま)くないコーヒーです。

더 다양한 문장도 도전해 보세요!

6 귀여운 패키지네요. (6)

可愛(かわい)いパッケージですね。

可愛(かわい)い	パッケージですね
귀엽다, 귀여운	패키지네요

문장+ね는, 상대와 공감을 할 때 쓴다는 거 잊지 않았죠?!

예문을 더 만나볼까요!

1) 좋은 날씨네요!

いい天気(てんき)ですね！

2) 귀여운 고양이네요!

可愛(かわい)い猫(ねこ)ですね。

3) 매운 라면이네요!

辛(から)いラーメンですね！

모두 상대와 공감하는 상황에 대해서 사용하고 있는 거예요.

문법정리

1) 조사 정리

1. は: 은/는
2. が: 이/가
3. じゃ: 이/가(부정문에서만 사용)

1) 다음 이형용사의 부정 표현을 완성해 보세요.

이형용사	의미	부정 표현 (~지 않다, ~않은)
高(たか)い	비싸다, 비싼 높다, 높은	
美味(おい)しい	맛있다, 맛있는	
まずい	맛없다, 맛없는	
うまい	맛있다, 맛있는 능숙하다, 능숙한	
苦(にが)い	쓰다, 쓴	
すっぱい	시다, 신	
辛(から)い	맵다, 매운	
しょっぱい	짜다, 짠	
香(こう)ばしい	향기롭다, 향기로운 고소하다, 고소한	

青(あお)い	파랗다, 파란	
赤(あか)い	빨갛다, 빨간	
黒(くろ)い	검다, 검은	
白(しろ)い	하얗다, 하얀	
黄色(きいろ)い	노랗다, 노란	
暑(あつ)い	덥다, 더운	
暖(あたた)かい	따뜻하다, 따뜻한	
涼(すず)しい	선선하다, 신선한	
寒(さむ)い	춥다, 추운	
やさしい	자상하다, 자상한 친절하다, 친절한	
可愛(かわい)い	귀엽다, 귀여운 예쁘다, 예쁜	

うるさい	시끄럽다, 시끄러운	
新(あたら)しい	새롭다, 새로운	
賢(かしこ)い	영리하다, 영리한	
偉(えら)い	훌륭하다, 훌륭한 대단하다, 대단한	
酷(ひど)い	심하다, 심한	
うれしい	기쁘다, 기쁜	
楽(たの)しい	즐겁다, 즐거운	
悲(かな)しい	슬프다, 슬픈	
寂(さび)しい	외롭다, 외로운 쓸쓸하다, 쓸쓸한	
うらやましい	부럽다, 부러운	
怖(こわ)い	무섭다, 무서운	
懐(なつ)かしい	그립다, 그리운	

恥(は)ずかしい	부끄럽다, 부끄러운 창피하다, 창피한	
悔(くや)しい	억울하다, 억울한 안타깝다, 안타까운	
欲(ほ)しい	원하다, 원하는	
眠(ねむ)い	졸립다, 졸린	
しつこい	끈질기다, 끈질긴	
痛(いた)い	아프다, 아픈	
忙(いそが)しい	바쁘다, 바쁜	
怪(あや)しい	수상하다, 수상한	
危(あぶ)ない	위험하다, 위험한	
素(す)晴(ば)らしい	멋지다, 멋진	
珍(めずら)しい	신기하다, 신기한	
若(わか)い	어리다, 어린 젊다, 젊은	

2) 다음 문장을 완성하세요.

참고단어: 바쁘다, 바쁜 忙(いそが)しい / 때 時(とき)	
바쁜 때입니다	
바쁜 때였습니다	
바쁜 때가 아닙니다	
바쁜 때가 아니었습니다	
바쁘지 않은 때입니다	
바쁘지 않은 때였습니다	

참고단어: 덥다, 더운 暑(あつ)い / 날(하루) 一日(いちにち)	
더운 날입니다	
더운 날이었습니다	
더운 날이 아닙니다	
더운 날이 아니었습니다	

덥지 않은 날입니다	
덥지 않은 날이었습니다	
더운 날입니까?	
더운 날이었습니까?	
더운 날이 아닙니까?	
더운 날이 아니었습니까?	
덥지 않은 날입니까?	
덥지 않은 날이었습니까?	

1) 다음 이형용사의 부정 표현을 완성해 보세요.

이형용사	의미	부정 표현 (~지 않다, ~않은)
高(たか)い	비싸다, 비싼 높다, 높은	高(たか)くない [타카쿠나이]
美味(おい)しい	맛있다, 맛있는	美味(おい)しくない [오이시쿠나이]
まずい	맛없다, 맛없는	まずくない [마즈쿠나이]
うまい	맛있다, 맛있는 능숙하다, 능숙한	うまくない [우마쿠나이]
苦(にが)い	쓰다, 쓴	苦(にが)くない [니가쿠나이]
すっぱい	시다, 신	すっぱくない [습파쿠나이]
辛(から)い	맵다, 매운	辛(から)くない [카라쿠나이]
しょっぱい	짜다, 짠	しょっぱくない [숍파쿠나이]
香(こう)ばしい	향기롭다, 향기로운 고소하다, 고소한	香(こう)ばしくない [코-바시쿠나이]

青(あお)い	파랗다, 파란	青(あお)くない [아오쿠나이]
赤(あか)い	빨갛다, 빨간	赤(あか)くない [아카쿠나이]
黒(くろ)い	검다, 검은	黒(くろ)くない [쿠로쿠나이]
白(しろ)い	하얗다, 하얀	白(しろ)くない [시로쿠나이]
黄色(きいろ)い	노랗다, 노란	黄色(きいろ)くない [키-로쿠나이]
暑(あつ)い	덥다, 더운	暑(あつ)くない [아츠쿠나이]
暖(あたた)かい	따뜻하다, 따뜻한	暖(あたた)かくない [아타타카쿠나이]
涼(すず)しい	선선하다, 신선한	涼(すず)しくない [스즈시쿠나이]
寒(さむ)い	춥다, 추운	寒(さむ)くない [사무쿠나이]
やさしい	자상하다, 자상한 친절하다, 친절한	やさしくない [야사시쿠나이]
可愛(かわい)い	귀엽다, 귀여운 예쁘다, 예쁜	可愛(かわい)くない [카와이쿠나이]

うるさい	시끄럽다, 시끄러운	うるさくない [우루사쿠나이]
新(あたら)しい	새롭다, 새로운	新(あたら)しくない [아타라시쿠나이]
賢(かしこ)い	영리하다, 영리한	賢(かしこ)くない [카시코쿠나이]
偉(えら)い	훌륭하다, 훌륭한 대단하다, 대단한	偉(えら)くない [에라쿠나이]
酷(ひど)い	심하다, 심한	酷(ひど)くない [히도쿠나이]
うれしい	기쁘다, 기쁜	うれしくない [우레시쿠나이]
楽(たの)しい	즐겁다, 즐거운	楽(たの)しくない [타노시쿠나이]
悲(かな)しい	슬프다, 슬픈	悲(かな)しくない [카나시쿠나이]
寂(さび)しい	외롭다, 외로운 쓸쓸하다, 쓸쓸한	寂(さび)しくない [사비시쿠나이]
うらやましい	부럽다, 부러운	うらやましくない [우라야마시쿠나이]
怖(こわ)い	무섭다, 무서운	怖(こわ)くない [코와쿠나이]
懐(なつ)かしい	그립다, 그리운	懐(なつ)かしくない [나츠카시쿠나이]

恥(は)ずかしい	부끄럽다, 부끄러운 창피하다, 창피한	恥(は)ずかしくない [하즈카시쿠나이]
悔(くや)しい	억울하다, 억울한 안타깝다, 안타까운	悔(くや)しくない [쿠야시쿠나이]
欲(ほ)しい	원하다, 원하는	欲(ほ)しくない [호시쿠나이]
眠(ねむ)い	졸립다, 졸린	眠(ねむ)くない [네무쿠나이]
しつこい	끈질기다, 끈질긴	しつこくない [시츠코쿠나이]
痛(いた)い	아프다, 아픈	痛(いた)くない [이타쿠나이]
忙(いそが)しい	바쁘다, 바쁜	忙(いそが)しくない [이소가시쿠나이]
怪(あや)しい	수상하다, 수상한	怪(あや)しくない [아야시쿠나이]
危(あぶ)ない	위험하다, 위험한	危(あぶ)なくない [아부나쿠나이]
素晴(すば)らしい	멋지다, 멋진	素晴(すば)らしくない [스바라시쿠나이]
珍(めずら)しい	신기하다, 신기한	珍(めずら)しくない [메즈라시쿠나이]
若(わか)い	어리다, 어린 젊다, 젊은	若(わか)くない [와카쿠나이]

2) 다음 문장을 완성하세요.

참고단어: 바쁘다, 바쁜 忙(いそが)しい / 때 時(とき)	
바쁜 때입니다	忙(いそが)しい時(とき)です [이소가시-토키데스]
바쁜 때였습니다	忙(いそが)しい時(とき)でした [이소가시-토키데시타]
바쁜 때가 아닙니다	忙(いそが)しい時(とき)じゃありません [이소가시-토키쟈아리마셍]
바쁜 때가 아니었습니다	忙(いそが)しい時(とき)じゃありませんでした [이소가시-토키쟈아리마셍데시타]
바쁘지 않은 때입니다	忙(いそが)しくない時(とき)です [이소가시쿠나이토키데스]
바쁘지 않은 때였습니다	忙(いそが)しくない時(とき)でした [이소가시쿠나이토키데시타]

참고단어: 덥다, 더운 暑(あつ)い / 날(하루) 一日(いちにち)	
더운 날입니다	暑(あつ)い一日(いちにち)です [아츠이이치니치데스]
더운 날이었습니다	暑(あつ)い一日(いちにち)でした [아츠이이치니치데시타]
더운 날이 아닙니다	暑(あつ)い一日(いちにち)じゃありません [아츠이이치니치쟈아리마셍]
더운 날이 아니었습니다	暑(あつ)い一日(いちにち)じゃありませんでした [아츠이이치니치쟈아리마셍데시타]

덥지 않은 날입니다	暑(あつ)くない一日(いちにち)です [아츠쿠나이이치니치데스]
덥지 않은 날이었습니다	暑(あつ)くない一日(いちにち)でした [아츠쿠나이이치니치데시타]
더운 날입니까?	暑(あつ)い一日(いちにち)ですか？ [아츠이이치니치데스카?]
더운 날이었습니까?	暑(あつ)い一日(いちにち)でしたか？ [아츠이이치니치데시타카?]
더운 날이 아닙니까?	暑(あつ)い一日(いちにち)じゃありませんか？ [아츠이이치니치쟈아리마셍카?]
더운 날이 아니었습니까?	暑(あつ)い一日(いちにち)じゃありませんでしたか？ [아츠이이치니치쟈아리마셍데시타카?]
덥지 않은 날입니까?	暑(あつ)くない一日(いちにち)ですか？ [아츠쿠나이이치니치데스카?]
덥지 않은 날이었습니까?	暑(あつ)くない一日(いちにち)でしたか？ [아츠쿠나이이치니치데시타카?]

BEER

5강

나형용사와 일본 스시는 뭔가 다르다!

형용사 활용(나형용사) & 형용사+명사

항상 회전 스시나 마트에서 파는 포장된 스시만 먹어 왔지만,

이제 나도 정식으로 스시야寿司屋(すしや)에 입문할 때가 온 거 같아! 늘 가보고 싶던 유명한 스시집의 예약(1) 도 성공!

일본에는 다양한 형태의 스시집이 있어요. 회전 스시, 도시락 형태로 판매하는 스시, 배달 스시, 그리고 오늘 마구로센세가 도전하는 정통 스시집까지.
그런데 정통 스시집은 재료 수급 등의 문제로 예약하지 않은 손님은 받지 않는 곳도 있으니, 예약은 필수.
아! 그리고 스시집에 따라서는 테이블석 없이 카운터석만 있는 곳도 있어요.

스시집을 포함한 일본 요리의 요리인을 이타마에 板前(いたまえ)라고 해요.

그리고 주방장은 이타쵸 板長(いたちょう)라고 해요.
그밖에도 스시집에서만 사용하는 용어로,
스시 재료는 ネタ, 스시밥은 シャリ 라고 해요.
그리고 스시는 '만들다'라는 표현보다는
'쥐다 握(にぎ)る'라는 표현을 사용해요.

우아~ 갑오징어 초밥이라니,
역시 오길 잘했어.
그리고는요?
뀨

전갱이와 성게도 물이 좋아요.

아~ 이것저것 다 먹고 싶은데
어떡하지…
오늘 만은
날 말리지마..

네
아, 맞다! 역시 오마카세 세트지!
오마카세 세트 주세요!

그날의 가장 추천하는 재료를 사용해서
만들어 주는 오마카세 세트는 고민되는
스시러버들에게 밝은 등불이 되어 줄
거예요!
나를 따르라~!
오마카세
와아

좋아하지 않는 재료나 못 드시는
재료가 있나요? 말씀해 주시면,
조절 가능합니다.
오잉..

세트메뉴에는 일본식
된장국 味噌汁(みそしる)과 일본식
계란찜 茶碗蒸し(ちゃわんむし)이 포함되는 경우도
있어요.

호로록

주문한 스시 재료의 이름을 알고
싶다면, 이타마에에게 물어보세요!
카운터석에 앉은 손님의 특권이에요!

참치
광어
갑오징어
피조개
전갱이
새우
붕장어
계란말이
오이김초밥
박고지 김초밥
...입니다.
휴
우아아~
쪼각
쪼각
선명한 색깔의 참치네요! (4)
음..
선명
네, 우리 가게의 자랑인, 참치의 붉은 살입니다.
손님 머리 참치도 선명합니다. 멋져요.
앗, 감사합니다.
따봉

다른 종류의 스시를 먹기 전에, 입가심을 위해 같이 나오는 생강 절임을 먹으면 좋아요.

추가로 주문하고 싶은 게 있다면
말씀해 주세요.
네, 여기 있는 거 다… 가 아니라,
전갱이와 피조개 한 알씩 추가
해주세요. 그리고 성게도 주세요.
네, 알겠습니다.
다 시킬걸 그랬나...
착
착
바로 만들어
주신다!
여기 전갱이 나왔습니다.

먹어 볼까..
따뜻한 밥알이 입 안에서 풀어지면서 차가운 생선과 절묘하게 조화를 이루는 게, 훌륭한 하나의 요리야. 앞으로는 이렇게 하나씩 달라고 해야겠어.
스시가 나오는 대로 바로 먹어야 이타마에가 의도한 최상의 상태로 스시를 경험할 수 있어요.
정말 맛있었습니다. 또 오겠습니다.
네, 기다리고 있겠습니다. 감사합니다!
멋진 가게였어요! (5)

1 스시의 한자 표기

'스시'의 한자 표기는 일반적으로 寿司(すし)、鮨(すし)、鮓(すし) 이렇게 세 가지가 쓰여요.

예로부터 관동지방(도쿄중심)에서는 鮨(すし)를, 관서지방(오사카중심)에서는 鮓(すし)를 많이 사용했어요. 지금은 寿司(すし)가 많이 쓰이고 있어요.

2 스시의 종류

스시하면 떠오르는 한 알씩 쥐어서 만드는 스시예요.

巻き寿司(まきすし)

김밥처럼 둘둘 말아서 적당한 크기로 자른 스시예요.

稲荷寿司(いなりずし)

유부초밥이에요.

押し寿司(또는 箱寿司)

스시틀에 넣어 눌러서 모양을 만들고,
적당한 크기로 자른 스시예요.
누름스시 또는 상자스시라고도 해요.

ちらし寿司

덮밥처럼 밥 위에 다양한 재료를
흩뿌리듯이 만든 스시예요.
비벼 먹는 음식이 아니고, 떠 먹는 음식이에요.

3 스시집에서만 사용하는 용어

스시의 재료 ネタ

씨앗이라는 タネ에서 따온 말로
'이야기의 소재'라는 의미로도 쓰여요.

스시의 밥 シャリ

밥알의 모양이 불교의 '사리'와 닮아서
따온 말이에요.

고추냉이 サビ 또는 ナミダ

サビ는 '와사비'의 '사비'에서 온
말이고, 'ナミダ'는 눈물이라는
뜻으로 너무 많이 먹으면 눈물이
난다는 의미예요.

생강 절임 ガリ

씹을 때 또는
생강을 자를 때 나는 소리의
의성어예요.

간장 ムラサキ

자주색이라는 단어로,
간장이 짙은 자줏빛을
띤다는 의미예요.

4 스시를 즐기는 팁!

1. 초보자라면 '오마카세'를 주문해서 그 가게의 최상의 재료를 맛보세요. 모자라거나 더 먹고 싶은 스시가 있다면 추가 주문하면 되니까요!

2. 모르는 재료가 있다면 이타마에나 직원에게 물어보세요. 기꺼이 설명해 줄 거예요!

3. 제철 재료를 알아 두면 더 맛있는 스시를 먹을 수 있어요! 대표적인 스시 재료들의 제철을 소개할게요.

	붉은 살	흰 살	등 푸른 생선	오징어, 새우	조개
봄	カツオ 가다랑어	マダイ 참돔	カスゴ 도미	スミイカ 갑오징어	アカガイ 피조개
	キハダ 황다랑어	アイナメ 쥐노래미	コハダ 전어	ヤリイカ 꼴뚜기	ハマグリ 대합
여름	サーモン 연어	イサキ 벤자리	アジ 전갱이	スルメイカ 오징어	トリガイ 새조개
		スズキ 농어	キス 보리멸	アカイカ 빨강오징어	アワビ 전복
가을	メバチマグロ 눈다랑어	マコガレイ 문치가자미	マイワシ 정어리	マダコ 참문어	サザエ 소라
	クロマグロ 참다랑어	ブリ 방어	サンマ 꽁치	ボタンエビ 도화새우	ホタテ 가리비
		ヒラメ 넙치	サバ 고등어		カキ 굴
겨울	マカジキ 청새치	カワハギ 쥐치	サヨリ 학꽁치	クルマエビ 보리새우	タイラギ 키조개

그밖에 계절에 상관없이 즐길 수 있는 것들도 있어요.

巻(ま)き寿司(すし): かんぴょう巻(ま)き 박고지김초밥, カッパ巻(ま)き 오이김초밥

④ 나온 스시는 바로 먹도록 하세요. 그래야 이타마에가 생각하는 가장 이상적인 스시의 맛을 볼 수 있어요. 간혹 옆 사람과 대화에 빠져 있으면 온도가 변하기 전에 먹으라고 알려주는 이타마에도 있을 정도예요.

⑤ 먹는 순서는 담백한 맛에서부터 진한 맛으로 가면 좋아요. 하지만 가장 중요한 것은 본인이 먹고 싶은 대로 먹는 거예요. 스시를 먹는 사이에 생강 절임으로 입가심을 해주면 더 맛있는 스시를 즐길 수 있어요.

⑥ 간장은 너무 많이 찍지 마세요. 재료 본연의 맛이 간장에 가려져요. 그리고 미리 간이 되어 나오는 스시는 아무것도 찍지 않고 먹는 거예요.

⑦ 스시는 손으로 먹는 것이 정석이라고 알고 계신 분들이 계시죠? 하지만 꼭 그런 것은 아니에요. 그러니 젓가락이 편한 분은 젓가락을 사용하세요.

⑧ 카운터석에 앉았다면 정면을 향해 앉아야 다른 손님에게 불편을 주지 않고 즐길 수 있어요. 그리고 바 위에 휴대전화나 가방을 올려놓는 것은 위생상 실례예요.

9 마지막으로 가게의 내부 또는 음식의 사진을 찍고 싶다면 미리 양해를 구하는 센스!

6 스시와 관련된 작품

● **만화:**

将太(しょうた)の寿司(すし)(쇼-타의 스시), 한국에도 널리 알려진 '미스터 초밥왕'의 원제목이에요.

● **노래:**

ORANGE RANGE의 SUSHI食(た)べたい(스시 먹고 싶어). 가사에 각종 스시 재료의 이름이 많이 등장하는 재미있는 노래예요.

7 다양한 해산물

● 붉은 살 생선

マグロの赤身(あかみ) - 참치 붉은 살

中(ちゅう)とろ - 중 뱃살(참치옆구리)

大(おお)トロ - 대 뱃살(참치)

きもふりり - 키모후리
(참치 뱃살의 중심부위)

ねぎトロ - 파참치(파+갈은 참치 살)

中落(なかおち)- 참치 등뼈에 붙은 살

鰹(かつお) - 가다랑어

真魚鰹(しんうおがつお) - 병어

まがじき - 청새치

めがじき - 황새치

鮭(さけ) - 연어

ブリ - 방어

鱒(ます) - 송어

● 흰 살 생선

平目(ひらめ) - 광어 또는 넙치

鯛(たい) - 도미

石鯛(いしだい) - 돌돔

甘鯛(あまだい) - 옥돔

黒鯛(くろだい) - 흑돔

すずき - 농어

鱈(たら) - 대구

鯉(こい) - 잉어

河豚(ふぐ) - 복어

にべ - 민어

鯰(なまず) - 메기

明太(めんたい) - 명태

石首魚(いしくびうお) - 조기

鰈(かれい) - 가자미

えい - 가오리

ししゃも - 시샤모

海鞘(ほや) - 멍게

등 푸른 생선

鯖(さば) - 고등어

〆鯖(しめさば) - 절인 고등어

鯵(あじ) - 전갱이

鰆(さわら)- 삼치

鰯(いわし) - 정어리

鮗(このしろ) - 전어

小鰭(こはだ)- 새끼전어

さより - 학공치

秋刀魚(さんま) - 꽁치

飛び魚(とびうお)- 날치

太刀魚(たちうお) - 갈치

鮎(あゆ) - 은어

鯡(にしん) - 청어

연체류

いか - 오징어

蛸(たこ) - 문어

海鼠(なまこ) - 해삼

海月(くらげ) - 해파리

갑각류

海老(えび) - 새우

甘海老(あまえび) - 단새우

車海老(くるまえび) - 차새우

伊勢海老(いせえび) - 닭새우
(이세지방의 특산물)

蟹(かに) - 게

毛蟹(けがに) - 털게

ロブスター - 랍스터

조개류

あわび - 전복

赤貝(あかがい) - 피조개

鳥貝(とりがい) - 새조개

北寄貝(ほっきがい) - 함박조개

蛤(はまぐり) - 대합

帆立貝(ほたてがい) - 가리비

平貝(たいらがい) - 키조개

栄螺(さざえ) - 소라

蜆(しじみ) - 재첩

浅利(あさり) - 바지락

かき - 굴

● **알류**

明太子(めんたいこ) - 명란젓

イクラ 연어 알

飛(と)び子(こ) - 날치 알

海胆(うに) - 성게

数(かず)の子(こ)- 청어 알

キャビア - 캐비어

1 유명한 스시집의 예약 (1)

有名(ゆうめい)な寿司屋(すしや)の予約(よやく)

有名(ゆうめい)な	寿司屋(すしや)	の	予約(よやく)
유명한	스시집	의	예약

이번에도 형용사가 들어간 거 같은데, 지난 시간에 배운 것 하고 좀 다른데요. 어떤 차이가 있나요?

'스시집'이라는 명사를 수식하고 있는 '유명한'의 有名(ゆうめい)な는 기본형이 有名(ゆうめい)だ로 'な형용사'라고 해요.

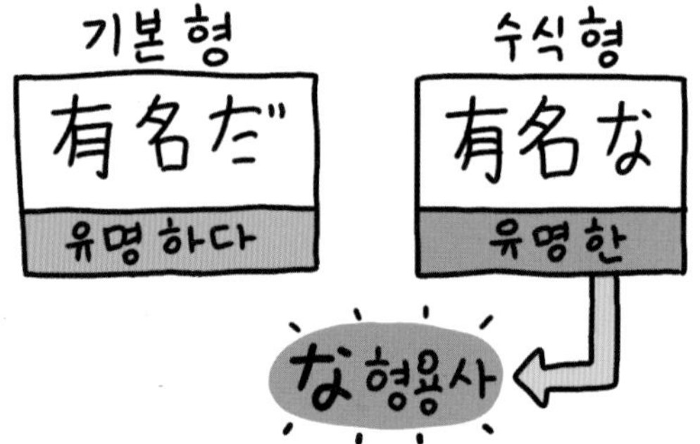

이렇게요.

참고로 지난 시간에 배운 형용사는 기본형이 い로 끝나는 형용사인 'い형용사'였죠. 이렇게 일본어는 두 가지의 형용사가 있어요.

이번엔 'な형용사' !! 그리고 수식형이 기본형과 다르네요. 흠, 체크!

맞아요! 그래서 더 신경 써야 해요!
그럼 'な형용사'의 수식형에 대해 문장으로 연습을 해 볼게요!

1) 신선한 회입니다.

新鮮(しんせん)な刺身(さしみ)です。

2) 깨끗한 방이 아닙니다.

きれいな部屋(へや)じゃありません。

3) 편리한 스마트폰이 아닙니다.

便利(べんり)なスマホじゃありません。

2 상당히 세련된 가게네요~!

とても、おしゃれなお店(みせ)ですね~！

とても	おしゃれな	お店(みせ)ですね~!
상당히	세련된	가게네요~!

とても를 붙이면 표현을 더 크게 할 수 있겠네요!

맞아요. とても는 형용사를 수식해서 '매우, 상당히'라고 표현할 수 있어요. な형용사는 물론이고 い형용사에도 사용할 수 있어요!

1) 상당히 맛있는 아이스크림이네요~!

とてもおいしいアイスクリームですね！

2) 상당히 추운 날이네요~!

とても寒(さむ)い一日(いちにち)ですね！

3) 상당히 유명한 사람이에요!

とても有名(ゆうめい)な人(ひと)ですよ！

그리고 하나 더 볼 게 있어요. お店(みせ)의 お는 미화어로, 뜻에 변화를 주지 않지만, 말을 정중하게 만들어 주는 역할을 해요.

그렇다면 店(みせ)라고만 해도 된다는 건가요?

맞아요! 예를 들어 이렇게요.

돈	차	물
お金(かね)	お茶(ちゃ)	お水(みず)
또는 金(かね)	또는 茶(ちゃ)	또는 水(みず)

3 오늘의 추천 메뉴는 신선한 갑오징어입니다. (2)

今日(きょう)のおすすめは新鮮(しんせん)なスミイカです。

今日(きょう)の	おすすめは	新鮮(しんせん)な	スミイカです
오늘의	추천 메뉴는	신선한	갑오징어입니다

이제 な형용사의 쓰임도 익숙해지고 있어요! 나나나나♬

좋아요! 이름이 'な형용사'이기 때문에 반드시 'な'가 들어가야만 명사를 수식할 수 있다는 거, 기억하세요! 좀 더 연습해 보도록 해요!

1) 선명한 색이었습니다.

鮮(あざ)やかないろでした。

2) 멋진 경치였습니다.

素敵(すてき)な景色(けしき)でした。

3) 간단한 문제였습니다.

簡単(かんたん)な問題(もんだい)でした。

4 좋아하지 않는 재료나 못 먹는 재료요?

好(す)きじゃないネタや苦手(にがて)なネタですか？

好(す)きじゃない	ネタ	や	苦手(にがて)な	ネタですか？
좋아하지 않는	재료	(이)나, (이)랑	못 먹는, 서툰	재료요?

い형용사의 부정표현은 마지막의 い를 지우고 くない를 붙였던 거 기억나죠? な형용사는 기본형에서 だ를 지우고 じゃない를 붙여요. 예시를 몇 개 만들어 볼게요. 그리고 여기 또 하나의 팁! 사실 ない로 끝나면 이 역시 い형용사 랍니다. 그래서 기본형과 수식형이 같은 거예요.

好(す)きだ	だ	좋아하다
	じゃない	좋아하지 않는다, 좋아하지 않는
苦手(にがて)だ	だ	서툴다
	じゃない	서툴지 않다, 서툴지 않은
有名(ゆうめい)	だ	유명하다
	じゃない	유명하지 않다, 유명하지 않은
おしゃれだ	だ	세련되다
	じゃない	세련되지 않다, 세련되지 않은
新鮮(しんせん)だ	だ	신선하다
	じゃない	신선하지 않다, 신선하지 않은

그럼, 문장으로 만들어 볼게요!

1) 좋아하지 않는 배우예요.

好(す)きじゃない俳優(はいゆう)です。

2) 유명하지 않은 가게예요.

有名(ゆうめい)じゃないお店(みせ)です。

3) 신선하지 않은 채소였어요.

新鮮(しんせん)じゃない野菜(やさい)でした。

5 굉장히 매끄러운 계란 찜이네요. (3)

すごくなめらかな茶碗蒸(ちゃわんむ)しですね。

すごく	なめらかな	茶碗蒸(ちゃわんむ)しですね
굉장히	매끄러운	계란 찜이네요

すごく는 '굉장히' 라는 의미예요. 원형은 すごい로 '굉장하다'라는 い형용사예요.

すごい는 많이 들어봤어요! すごく로 써서 '굉장히'라는 의미로도 쓰는군요!

네, 맞아요! 문장으로 좀 더 만들어 볼게요.

1) 굉장히 조용한 도서관이었어요.

すごく静(しず)かな図書館(としょかん)でした。

2) 굉장히 북적거리는 커피숍이었어요.

すごく賑(にぎ)やかなコーヒーショップでした。

3) 굉장히 복잡한 문제였어요.

すごく複雑(ふくざつ)な問題(もんだい)でした。

6 선명한 색깔의 참치네요! (4)

鮮(あざ)やかな色(いろ)のマグロですね。

鮮(あざ)やかな	色(いろ)の	マグロですね
선명한	색깔의	참치네요

우리말로는 '선명한 색깔을 띈 참치네요'로 해석하면 더 자연스러워요. 이렇게 명사에 の가 붙으면 해당 명사에 동작이나 상태를 포함해서 해석하면 자연스러워요. 그밖에도 이런 경우가 있어요.

1) 비가 오는 날이었어요.

雨(あめ)の日(ひ)でした。

2) 오른쪽에 있던 사람이었어요.

右(みぎ)の人(ひと)でした。

3) 오늘은 차 가져 왔어요?

今日(きょう)は車(くるま)ですか？

7 멋진 가게였어요! (5)

素敵(すてき)なお店(みせ)でした。

素敵(すてき)な	お店(みせ)でした
멋진	가게였어요

な형용사니까 な를 붙여서 명사를 수식하고 있군요. 아! 그리고, 말을 정중하게 만드는 お네요!

네, 맞아요! 이 정도면 な형용사가 명사를 수식할 때 な가 꼭 필요하다는 것은 익힌 것 같네요!

문법정리

1) 조사 정리

1. の: 의
2. は: 은/는
3. や: (이)나, (이)랑
4. じゃ: 이/가(부정문에서만 사용)

2) 부사 정리

1. とても: 상당히
2. すごく: 굉장히

1) 다음 나형용사의 수식 표현을 완성해 보세요.

나형용사	의미	수식 표현 (~한/ㄴ)
簡単(かんたん)だ	간단하다	
上品(じょうひん)だ	고상하다	
綺麗(きれい)だ	깨끗하다, 예쁘다	
当(あ)たり前(まえ)だ	당연하다	
滑(なめ)らかだ	매끄럽다	
お洒落(しゃれ)だ	세련되다	
素敵(すてき)だ	멋지다	

下手(へた)だ	못하다	
迷惑(めいわく)だ	민폐다, 귀찮다	
複雑(ふくざつ)だ	복잡하다	
否定的(ひていてき)だ	부정적이다	
勤勉(きんべん)だ	부지런하다	
不安(ふあん)だ	불안하다	
爽(さわ)やかだ	상쾌하다	
苦手(にがて)だ	서툴다, 질색이다	

2) 다음 나형용사의 부정 표현을 완성해 보세요.

나형용사	의미	부정 표현 (~하지 않다/~하지 않은)
素直(すなお)だ	솔직하다	
不思議(ふしぎ)だ	신기하다	
新鮮(しんせん)だ	신선하다	
嫌(いや)だ	싫다	
嫌(きら)いだ	싫어하다	
平気(へいき)だ	아무렇지 않다	
安全(あんぜん)だ	안전하다	

安心だ (あんしん)	안심이다	
敏感だ (びんかん)	예민하다, 민감하다	
穏やかだ (おだ)	온화하다	
有名だ (ゆうめい)	유명하다	
愉快だ (ゆかい)	유쾌하다	
上手だ (じょうず)	잘하다	
静かだ (しず)	조용하다	
好きだ (す)	좋아하다	

1) 다음 나형용사의 수식 표현을 완성해 보세요.

나형용사	의미	수식 표현 (~한/ㄴ)
簡単(かんたん)だ	간단하다	簡単(かんたん)な [칸탄나]
上品(じょうひん)だ	고상하다	上品(じょうひん)な [죠-힌나]
綺麗(きれい)だ	깨끗하다, 예쁘다	綺麗(きれい)な [키레-나]
当(あ)たり前(まえ)だ	당연하다	当(あ)たり前(まえ)な [아타리마에나]
滑(なめ)らかだ	매끄럽다	滑(なめ)らかな [나메라카나]
お洒落(しゃれ)だ	세련되다	お洒落(しゃれ)な [오샤레나]
素敵(すてき)だ	멋지다	素敵(すてき)な [스테키나]

下手(へた)だ	못하다	下手(へた)な [헤타나]
迷惑(めいわく)だ	민폐다, 귀찮다	迷惑(めいわく)な [메-와쿠나]
複雑(ふくざつ)だ	복잡하다	複雑(ふくざつ)な [후쿠자츠나]
否定的(ひていてき)だ	부정적이다	否定的(ひていてき)な [히테-테키나]
勤勉(きんべん)だ	부지런하다	勤勉(きんべん)な [킴벤나]
不安(ふあん)だ	불안하다	不安(ふあん)な [후안나]
爽(さわ)やかだ	상쾌하다	爽(さわ)やかな [사와야카나]
苦手(にがて)だ	서툴다, 질색이다	苦手(にがて)な [니가테나]

2) 다음 나형용사의 부정 표현을 완성해 보세요.

나형용사	의미	부정 표현 (~하지 않다/~하지 않은)
素直(すなお)だ	솔직하다	素直(すなお)じゃない [스나오쟈나이]
不思議(ふしぎ)だ	신기하다	不思議(ふしぎ)じゃない [후시기쟈나이]
新鮮(しんせん)だ	신선하다	新鮮(しんせん)じゃない [신센쟈나이]
嫌(いや)だ	싫다	嫌(いや)じゃない [이야쟈나이]
嫌(きら)いだ	싫어하다	嫌(きら)いじゃない [키라이쟈나이]
平気(へいき)だ	아무렇지 않다	平気(へいき)じゃない [헤-키쟈나이]
安全(あんぜん)だ	안전하다	安全(あんぜん)じゃない [안젠쟈나이]

安心(あんしん)だ	안심이다	安心(あんしん)じゃない [안신쟈나이]
敏感(びんかん)だ	예민하다, 민감하다	敏感(びんかん)じゃない [빙칸쟈나이]
穏(おだ)やかだ	온화하다	穏(おだ)やかじゃない [오다야카쟈나이]
有名(ゆうめい)だ	유명하다	有名(ゆうめい)じゃない [유-메-쟈나이]
愉快(ゆかい)だ	유쾌하다	愉快(ゆかい)じゃない [유카이쟈나이]
上手(じょうず)だ	잘하다	上手(じょうず)じゃない [죠-즈쟈나이]
静(しず)かだ	조용하다	静(しず)かじゃない [시즈카쟈나이]
好(す)きだ	좋아하다	好(す)きじゃない [스키쟈나이]

6강

타코야키는 어제도 오늘도 내일도 진리!

형용사 활용(나형용사) & 현재, 과거, 긍정, 부정

오사카
오늘은 너무 과식했다.
이따 사케짱과 저녁에
오코노미야키를 먹기로 했으니,
이제 그만 먹어야지.
결
심!
앗, 이 맛있는 냄새는 뭐지,
모든 피지컬을 본능에 맡겨
보자….
킁킁

たこやき
たこやき
멍~
JUMBO

타코야키는 일본의 대표적인 간식이에요. 특히 중고등학생들이 방과 후 삼삼오오 모여서 타코야키를 먹으러 가는 모습을 자주 볼 수 있어요. 우리나라의 떡볶이 같은 존재라고 생각하면 돼요.

점보 타코야키는 처음인가봐요? 이곳은 점보 타코야키가 유명해요.(1)
보통 타코야키의 10배 사이즈로 한 개만으로도 충분해요.(2)

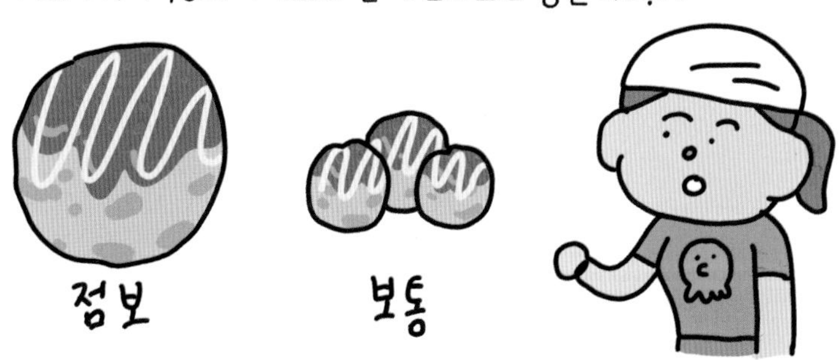

우와, 늘 타코야키가 작아서
보통 12개씩은 먹어야 했는데!
헤
헹

네, 잠시만요
너무 좋다. 일단 한 개 주세요!

그럼 타코야키 안에 문어도 10개가
들어 있는 건가? 에이 말도 안돼.

여기 점보 타코야키 하나
나왔습니다. 뜨거우니 조심하세요.

감사합니다. 저는 뜨거운 걸 잘
먹어서 아무렇지 않아요.(3)

뜨거울 때 먹어야 제일
맛있다구요.

약한 불에 오랜 시간 익히는 타코야키는, 겉은 바삭하지만 속의 반죽은 촉촉해요. 그렇다 보니 안이 매우 뜨거워요. 받자마자 한입에 넣는 건 위험해요!

앗! 벌써 시간이 이렇게!
저녁 약속에 갈 시간이군.
그럼 안녕히 계세요.
또 오세요.
2개만 더 주세요!
다급
네, 알겠습니다
냠냠냠, 점보라니 너무 맘에 드는 단어다.. 점보 점보~
お好み焼き
아, 여기구나.

안녕하세요.
예약한 마구로센세입니다.
어서 오세요. 일행 분이 와 계십니다.

여기야 여기!

뭐 하다가 이렇게 늦었어? 또 오면서 뭐 먹은 건 아니지?

그럴 리가! 날 뭘로 보는 거야. 여기 맥주 두 잔 주세요!

입에 뭐 묻었어..

헤헤... 미안미안, 점보 사이즈 타코야키가 날 유혹하는 바람에..
슥
예상했어..

..이 가게 꽤나 시끌벅적하지? (6)
나는 이런 시끌벅적한 가게를 좋아해! (7)

오코노미야키는 칸사이풍과 히로시마풍이 있어요.
칸사이풍은 우리에게 일반적인 이미지의 오코노미야키예요.
히로시마풍은 반죽에 재료를 섞지 않고 따로 익히면서 양배추가
훨씬 많이 들어가고, 얇은 돼지고기 삼겹살을
위에 올려서 구워요.

넌 오코노미야키 굽는 거 잘해?
잘 굽는
멋진 모습

아니. 별로 잘 못해.(9)
나는 먹는 거에만 자신이 있다구!

그래. 사람은 한결같아야지..
데헷!

실례합니다. 맥주 두 잔
나왔습니다. 주문하시겠어요?

1 타코야키 たこ焼き

1) 이름의 유래

오사카 명물인 たこ焼き의 たこ는 '문어' 焼き는 '굽다, 구운'이라는 뜻이 있어요. 그래서 일본 음식 중에 焼き라는 말이 들어가면 구운 음식일 가능성이 높아요.

예를 들어

焼き鳥 닭 꼬치

焼肉 고기구이

焼きそば 볶음국수

이렇게요

2) 크기

원래는 직경 3~5cm 정도로 한 입 크기가 일반적이지만, 훨씬 큰 ジャンボたこ焼き 점보타코야키, 또는 爆弾たこ焼き 폭탄 타코야키도 유행하고 있어요. 크기가 큰 만큼 가격도 비싸고, 문어도 많이 들어 있어요.

3) 재료

문어가 들어간 구운 빵으로, 가게마다 파, 생강 절임, 튀김 조각 등을 넣기도 해요. 그리고 그 위에 취향에 따라 소스, 마요네즈, 파래김 그리고 가다랑어포 등을 올려서 먹어요.

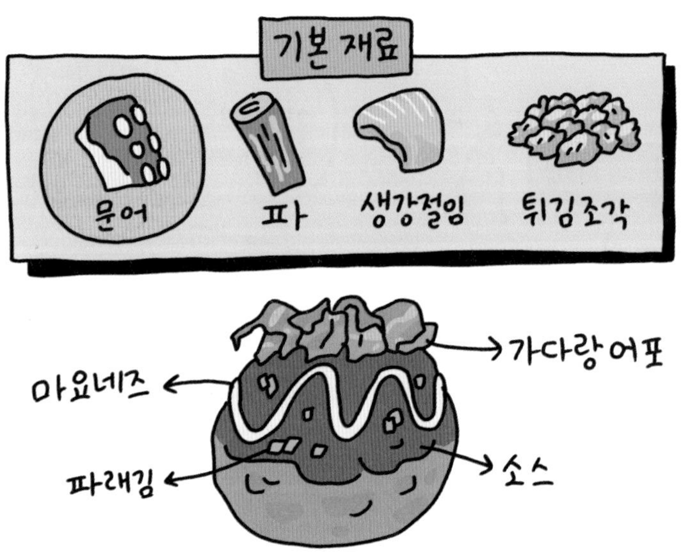

2 오코노미야키 お好み焼き

1) 이름의 유래

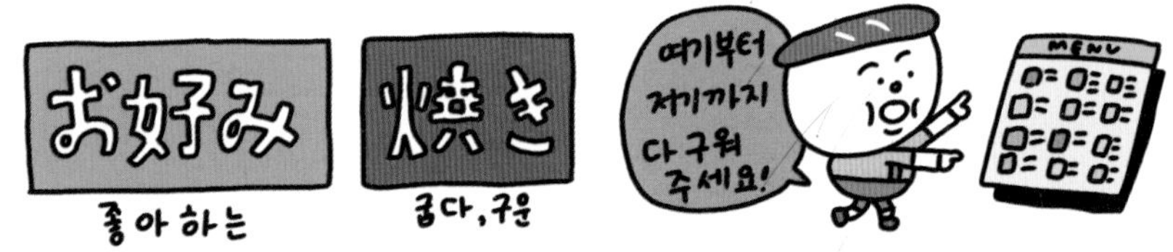

우리나라 빈대떡과 흡사한 모습의 お好み焼き에서 お好み는 '좋아하는, 기호의' 라는 의미이고, 焼き는 たこ焼き의 焼き와 마찬가지로 '굽다, 구운'이라는 의미예요. 그러니 좋아하는 재료를 넣고 굽는다는 것이죠. 그래서 넣는 재료에 따라 다양한 맛을 즐길 수 있어요.

2) 지역별

오사카가 중심인 관서지방의 お好み焼き를 칸사이풍 오코노미야키 関西風お好み焼き라고 해요. 가장 일반적이고 널리 먹는 오코노미야키로, 우리의 두꺼운 녹두전과 비슷한 모양이에요.

그리고 히로시마풍 오코노미야키広島風お好み焼き는 칸사이풍의 오코노미야키関西風お好み焼き와 다르게 반죽에 재료를 섞지 않고 따로 익히고 면도 꼭 들어가요. 양배추도 듬뿍 들어가고요!

또, 칸사이풍 오코노미야키関西風お好み焼き에 면이 들어가면 모단야키モダン焼き라고 해요.

도쿄 중심인 관동지방에는 재료를 작게 잘라 익히다가 묽은 반죽을 섞어서 구워 먹는 몬자야키もんじゃ焼き도 있습니다. 우리에게는 생소한 비쥬얼이지만, 가볍게 먹기 좋아요.

3) 서빙 방법

구워서 나오는 가게도 있고, 서빙된 반죽을 손님이 테이블에서 구워 먹는 가게도 있어요. 혹시 방법을 모르겠으면 점원에게 도움을 요청하세요!

1 이곳은 점보타코야키가 유명해요. (1)

ここはジャンボたこ焼(や)きが有名(ゆうめい)ですよ。

ここは	ジャンボたこ焼(や)きが	有名(ゆうめい)ですよ
이곳은	점보타코야키가	유명해요

지난 시간에 배운 な형용사 有名(ゆうめい)だ를 정중형으로 바꾸기 위해서는 だ를 빼고 です를 넣으면 돼요. 이렇게요.

有名(ゆうめい)だ 유명하다

有名(ゆうめい)です 유명합니다/유명해요

だ를 빼고 です! 연습을 좀 더 해 보고 싶어요!

좋아요! 하는 김에 의문문도 만들어 볼게요!

1) 간단합니다./간단해요.

簡単(かんたん)です。

2) 복잡합니다./복잡해요.

複雑(ふくざつ)です。

3) 필요합니까?/필요해요?

必要(ひつよう)ですか？

그럼 이번에는 장소에 대한 지시어를 정리해 볼게요. 앞 글자 '이-그-저-어느'에 해당하는 'こそあど'를 떠올리세요!

ここ	そこ	あそこ	どこ
이곳, 여기	그곳, 거기	저곳, 저기	어디

2 한 개만으로도 충분해요. (2)

一つ(ひと)だけで十分(じゅうぶん)です。

一つ(ひと)	だけ	で	十分(じゅうぶん)です
한 개	만	으로	충분해요

우리말처럼 조사 두 개를 합칠 수도 있네요?! 그럼 다른 조사를 붙여도 되겠네요? 예를 들어 이렇게요.

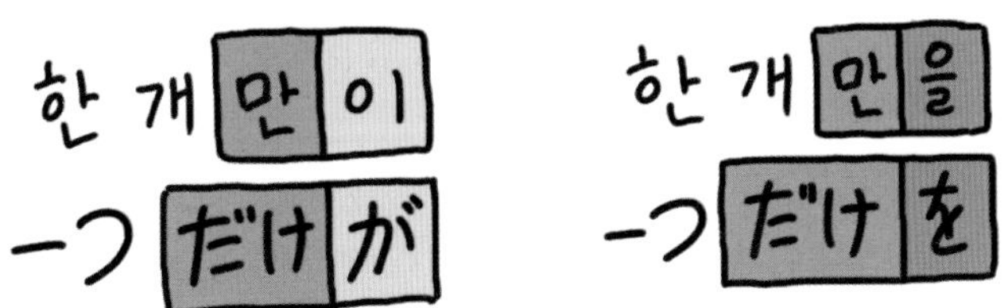

맞아요! 좀 더 연습을 해 보도록 해요!

1) 하루만

いちにち
一日だけ

2) 혼자만은

ひとり
一人だけは

3) 음악만으로

おんがく
音楽だけで

3 아무렇지 않아요. (3)

へいき
平気です。

아, 남자다운 표현이네요!

별거 아니에요, 아무렇지 않아요 라는 의미에요. 그래도 타코야키를 먹을 때는 늘 조심하세요 ^^;

4 괜찮아요? (4)

だいじょうぶ
大丈夫ですか？

상대의 상태가 걱정될 때 사용하세요. 예를 들어 그렇게 많이 먹어도 괜찮아요? 뭐 그런 ㅎㅎ

자주 들어요.

5 역시 한 개로는 충분하지 않아요. (5)

ひと　　　　　じゅうぶん
やはり一つでは十分じゃないです。

やはり	一つ(ひと)では	十分(じゅうぶん)じゃないです
역시	한 개로는	충분하지 않아요

やはり는 말할 때 やっぱり라고 발음 하기도 해요. 같은 말인데, 좀 더 힘줘서 말하는 느낌이에요. 그리고 一つ(ひと)では의 では라는 조사는 역시 で라는 조사와 は라는 조사가 합쳐진 것이니, 해석도 그렇게 하면 되는 거예요.

아, 알겠어요! で는 '~(으)로' 이고 は는 '은/는' 이니까 '으로는' 이군요.

맞아요. 이렇게도 사용해 볼 수 있어요!

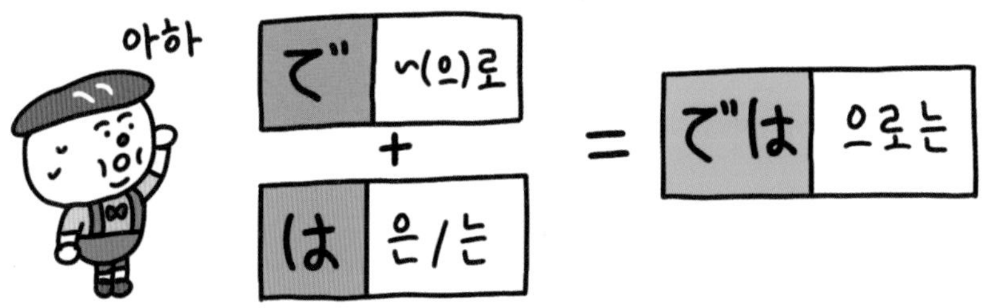

1) 나로는

私(わたし)では

2) 책으로는

本(ほん)では

3) 전화로는

電話(でんわ)では

그리고 또 하나! 지난 시간에 연습한 な형용사의 부정 표현 기억나죠? 그 표현에 です만 추가하면 정중한 표현이 되는 거예요.

정리해보면

十分(じゅうぶん)	だ	충분하다	
	じゃない	충분하지 않다	
		です	충분하지 않아요

이렇게요. 다른 な형용사를 활용해서 연습해 볼게요!

1) 친절하지 않아요.

親切(しんせつ)じゃないです。

2) 튼튼하지 않아요.

丈夫(じょうぶ)じゃないです。

3) 조용하지 않아요.

静(しず)かじゃないです。

6 이 가게 꽤나 시끌벅적하죠? (6)

この店(みせ)、かなり賑(にぎ)やかですよね？

この店(みせ)	かなり	賑(にぎ)やかですよね？
이 가게	꽤나	시끌벅적하죠?

かなり는 제법, 어지간히, 꽤 등의 의미가 있어요. 그리고 문장의 마지막에 よね를 붙여서 상대에게 동의를 구하며 확인하는 느낌의 말을 만들어요. 다른 문장으로 예를 들어 볼게요.

1) 신기하죠?

ふ し ぎ
不思議ですよね？

2) 당연하죠?

あ　　まえ
当たり前ですよね？

3) 민폐죠?

めいわく
迷惑ですよね？

7 나는 이런 시끌벅적한 가게를 좋아해요! (7)

わたし　　　　にぎ　　　みせ　す
私はこんな賑やかな店が好きです！

わたし 私は	こんな	にぎ 賑やかな	みせ 店が	す 好きです！
나는	이런	시끌벅적한	가게를	좋아해요!

음.. 왜 '가게를' 인데 '을/를'에 해당하는 を가 아니라 '이/가'에 해당하는 が를 쓰는 거죠?

일본어에서 기호나 능력을 나타내는 문장에서 '을/를'은 반드시 が를 써요. 우리말과 다른 부분이니 꼭 따로 체크하도록 하세요. 말이 나온 김에 기호나 능력에 해당하는 な형용사를 몇 개 정리해 줄게요.

じょうず
上手だ 능숙하다

へ　た
下手だ 서툴다

す
好きだ 좋아하다

きら
嫌いだ 싫어하다

이런 말 앞에 오는 '을/를'에 해당하는 조사를 넣고 싶으면 を가 아니라 '이/가'에 해당하는 が를 써야 해요!

'은/는'에 해당하는 は나 '도'에 해당하는 も는 원래대로 하면 되니 걱정 마세요! 이렇게요.

1) 이 가게를 좋아해요!

この店(みせ)が好(す)きです!

2) 이 가게는 좋아해요!

この店(みせ)は好(す)きです!

3) 이 가게도 좋아해요!

この店(みせ)も好(す)きです!

8 나는 해산물을 못 먹는데, 마구로센세는 어때요? (8)

私はシーフードが苦手ですけど、
マグロせんせいはどうですか？

아, 그럼 여기에서도 を가 아니라 が를 쓴 이유가?

네, 맞아요! 기호이기 때문이죠!

<table>
<tr><td>私(わたし)は</td><td>シーフードが</td><td>苦手(にがて)ですけど</td></tr>
<tr><td>나는</td><td>해산물을</td><td>못 먹는데</td></tr>
<tr><td colspan="2">マグロせんせいは</td><td>どうですか？</td></tr>
<tr><td colspan="2">마구로센세는</td><td>어때요?</td></tr>
</table>

9 아니. 별로 잘 못해요. (9)

いいえ、あまり上手(じょうず)じゃありません。

いいえ	あまり	上手(じょうず)じゃありません
아니	별로	잘 못해요

부정 표현은 어디서 많이 본 거 같은데요. 혹시 명사의 부정 표현을 배울 때의 じゃありません아닌가요?

맞아요! 똑같아요. 기본형에서 だ를 빼고 じゃありません를 붙이면 부정문이 되는 거예요. 그리고 이 표현은 5번에서 배운 じゃないです와 같은 의미로 조금 더 정중한 표현이랍니다! 우리말로 비교해 보자면 이 정도의 차이에요.

上手(じょうず)じゃありません 잘 못합니다
上手(じょうず)じゃないです 잘 못해요

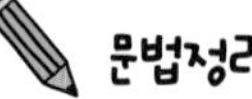

문법정리

な형용사의 기본형은 だ로 끝나며, 상태 감정 등을 표현한다.

1) 명사수식- だ를 な로 바꾼다

楽(らく)だ	+	ベッド
楽(らく)なベッド 편한 침대		

好(す)きだ	+	ひと
好(す)きなひと 좋아하는 사람		

2) 楽(らく)です의 다양한 활용 (楽(らく)가 어간으로, 변하지 않는 부분)

		현재	과거
긍정	보통	楽(らく)だ 편하다	楽(らく)だった 편했다
	정중	楽(らく)です 편합니다	楽(らく)でした 편했습니다
부정	보통	楽(らく)じゃない 편하지 않다	楽(らく)じゃなかった 편하지 않았다
	정중 1	楽(らく)じゃないです 편하지 않아요	楽(らく)じゃなかったです 편하지 않았어요
	정중 2	楽(らく)じゃありません 편하지 않습니다	楽(らく)じゃありませんでした 편하지 않았습니다

* では = じゃ

3) 好(す)きです의 다양한 활용 (好(す)き가 어간으로, 변하지 않는 부분)

		현재	과거
긍정	보통	好(す)きだ 좋아한다	好(す)きだった 좋아했다
	정중	好(す)きです 좋아합니다	好(す)きでした 좋아했습니다
부정	보통	好(す)きじゃない 좋아하지 않는다	好(す)きじゃなかった 좋아하지 않았다
	정중 1	好(す)きじゃないです 좋아하지 않아요	好(す)きじゃなかったです 좋아하지 않았어요
	정중 2	好(す)きじゃありません 좋아하지 않습니다	好(す)きじゃありませんでした 좋아하지 않았습니다

* では = じゃ

1) 다음 な형용사의 표현을 완성해 보세요.

な형용사	의미	정중 표현, 현재 (~합니다)	정중 표현, 과거 (~했습니다)
鮮やかだ (あざ)	선명하다		
せっかちだ	성급하다		
真面目だ (まじめ)	성실하다		
素朴だ (そぼく)	소박하다		
綺麗だ (きれい)	깨끗하다, 예쁘다		
勤勉だ (きんべん)	부지런하다		
苦手だ (にがて)	서툴다, 질색이다		
素敵だ (すてき)	멋지다		
有名だ (ゆうめい)	유명하다		

好(す)きだ	좋아하다		
上手(じょうず)だ	잘하다		
静(しず)かだ	조용하다		

2) 다음 な형용사의 부정 표현을 완성해 보세요.

な형용사	의미	부정 표현, 현재 (~하지 않습니다) (~하지 않아요)	부정 표현, 과거 (~하지 않았습니다) (~하지 않았어요)
大事(だいじ)だ	중요하다		
十分(じゅうぶん)だ	충분하다		
親切(しんせつ)だ	친절하다		

丈夫だ (じょうぶ)	튼튼하다		
楽だ (らく)	편하다		
平凡だ (へいぼん)	평범하다		
必要だ (ひつよう)	필요하다		
暇だ (ひま)	한가하다		

幸せだ (しあわ)	행복하다		
派手だ (はで)	화려하다		
確かだ (たし)	확실하다		
にぎやかだ	활기차다, 번화하다		
立派だ (りっぱ)	훌륭하다		

1) 다음 な형용사의 표현을 완성해 보세요.

な형용사	의미	정중 표현, 현재 (~합니다)	정중 표현, 과거 (~했습니다)
鮮(あざ)やかだ	선명하다	鮮(あざ)やかです [아자야카데스]	鮮(あざ)やかでした [아자야카데시타]
せっかちだ	성급하다	せっかちです [섹카치데스]	せっかちでした [섹카치데시타]
真面目(まじめ)だ	성실하다	真面目(まじめ)です [마지메데스]	真面目(まじめ)でした [마지메데시타]
素朴(そぼく)だ	소박하다	素朴(そぼく)です [소보쿠데스]	素朴(そぼく)でした [소보쿠데시타]
綺麗(きれい)だ	깨끗하다, 예쁘다	綺麗(きれい)です [키레-데스]	綺麗(きれい)でした [키레-데시타]
勤勉(きんべん)だ	부지런하다	勤勉(きんべん)です [킴벤데스]	勤勉(きんべん)でした [킴벤데시타]
苦手(にがて)だ	서툴다, 질색이다	苦手(にがて)です [니가테데스]	苦手(にがて)でした [니가테데시타]
素敵(すてき)だ	멋지다	素敵(すてき)です [스테키데스]	素敵(すてき)でした [스테키데시타]
有名(ゆうめい)だ	유명하다	有名(ゆうめい)です [유-메-데스]	有名(ゆうめい)でした [유-메-데시타]

好(す)きだ	좋아하다	好(す)きです [스키데스]	好(す)きでした [스키데시타]
上手(じょうず)だ	잘하다	上手(じょうず)です [죠-즈데스]	上手(じょうず)でした [죠-즈데시타]
静(しず)かだ	조용하다	静(しず)かです [시즈카데스]	静(しず)かでした [시즈카데시타]

2) 다음 な형용사의 부정 표현을 완성해 보세요.

な형용사	의미	부정 표현, 현재 (~하지 않습니다) (~하지 않아요)	부정 표현, 과거 (~하지 않았습니다) (~하지 않았어요)
大事(だいじ)だ	중요하다	大事(だいじ)じゃありません [다이지쟈아리마셍]	大事(だいじ)じゃありませんでした [다이지쟈아리마셍데시타]
		大事(だいじ)じゃないです [다이지쟈나이데스]	大事(だいじ)じゃなかったです [다이지쟈나캇타데스]
十分(じゅうぶん)だ	충분하다	十分(じゅうぶん)じゃありません [쥬-분쟈아리마셍]	十分(じゅうぶん)じゃありませんでした [쥬-분쟈아리마셍데시타]
		十分(じゅうぶん)じゃないです [쥬-분쟈나이데스]	十分(じゅうぶん)じゃなかったです [쥬-분쟈나캇타데스]

<table>
<tr><td rowspan="2">親切(しんせつ)だ</td><td rowspan="2">친절하다</td><td>親切(しんせつ)じゃありません
[신세츠쟈아리마셍]</td><td>親切(しんせつ)じゃありませんでした
[신세츠쟈아리마셍데시타]</td></tr>
<tr><td>親切(しんせつ)じゃないです
[신세츠쟈나이데스]</td><td>親切(しんせつ)じゃなかったです
[신세츠쟈나캇타데스]</td></tr>
<tr><td rowspan="2">丈夫(じょうぶ)だ</td><td rowspan="2">튼튼하다</td><td>丈夫(じょうぶ)じゃありません
[죠-부쟈아리마셍]</td><td>丈夫(じょうぶ)じゃありませんでした
[죠-부쟈아리마셍데시타]</td></tr>
<tr><td>丈夫(じょうぶ)じゃないです
[죠-부쟈나이데스]</td><td>丈夫(じょうぶ)じゃなかったです
[죠-부쟈나캇타데스]</td></tr>
<tr><td rowspan="2">楽(らく)だ</td><td rowspan="2">편하다</td><td>楽(らく)じゃありません
[라쿠쟈아리마셍]</td><td>楽(らく)じゃありませんでした
[라쿠쟈아리마셍데시타]</td></tr>
<tr><td>楽(らく)じゃないです
[라쿠쟈나이데스]</td><td>楽(らく)じゃなかったです
[라쿠쟈나캇타데스]</td></tr>
<tr><td rowspan="2">平凡(へいぼん)だ</td><td rowspan="2">평범하다</td><td>平凡(へいぼん)じゃありません
[헤-본쟈아리마셍]</td><td>平凡(へいぼん)じゃありませんでした
[헤-본쟈아리마셍데시타]</td></tr>
<tr><td>平凡(へいぼん)じゃないです
[헤-본쟈나이데스]</td><td>平凡(へいぼん)じゃなかったです
[헤-본쟈나캇타데스]</td></tr>
</table>

必要(ひつよう)だ	필요하다	必要(ひつよう)じゃありません [히츠요-쟈아리마셍]	必要(ひつよう)じゃありませんでした [히츠요-쟈아리마셍데시타]
		必要(ひつよう)じゃないです [히츠요-쟈나이데스]	必要(ひつよう)じゃなかったです [히츠요-쟈나캇타데스]
暇(ひま)だ	한가하다	暇(ひま)じゃありません [히마쟈아리마셍]	暇(ひま)じゃありませんでした [히마쟈아리마셍데시타]
		暇(ひま)じゃないです [히마쟈나이데스]	暇(ひま)じゃなかったです [히마쟈나캇타데스]
幸(しあわ)せだ	행복하다	幸(しあわ)せじゃありません [시아와세쟈아리마셍]	幸(しあわ)せじゃありませんでした [시아와세쟈아리마셍데시타]
		幸(しあわ)じゃないです [시아와세쟈나이데스]	幸(しあわ)じゃなかったです [시아와세쟈나캇타데스]
派手(はで)だ	화려하다	派手(はで)じゃありません [하데쟈아리마셍]	派手(はで)じゃありませんでした [하데쟈아리마셍데시타]
		派手(はで)じゃないです [하데쟈나이데스]	派手(はで)じゃなかったです [하데쟈나캇타데스]

確(たし)かだ	확실하다	確(たし)かじゃありません [타시카쟈아리마셍]	確(たし)かじゃありませんでした [타시카쟈아리마셍데시타]
		確(たし)かじゃないです [타시카쟈나이데스]	確(たし)かじゃなかったです [타시카쟈나캇타데스]
にぎやかだ	활기차다, 번화하다	にぎやかじゃありません [니기야카쟈아리마셍]	にぎやかじゃありませんでした [니기야카쟈아리마셍데시타]
		にぎやかじゃないです [니기야카쟈나이데스]	にぎやかじゃなかったです [니기야카쟈나캇타데스]
立派(りっぱ)だ	훌륭하다	立派(りっぱ)じゃありません [립파쟈아리마셍]	立派(りっぱ)じゃありませんでした [립파쟈아리마셍데시타]
		立派(りっぱ)じゃないです [립파쟈나이데스]	立派(りっぱ)じゃなかったです [립파쟈나캇타데스]

7강

이형용사를 샤브샤브하게 익혀보자!

형용사 활용(이형용사) & 현재, 과거, 긍정, 부정

샤브샤브, 일본어로 しゃぶしゃぶ는 물에 살짝살짝 데치는 모양을 말해요. 신선한 고기와 채소를 푹 익히기보다는 살짝살짝 데쳐 먹는 모양에서 이름이 지어졌어요. 소고기뿐만 아니라 돼지고기, 닭고기 등 다양한 고기로 샤브샤브를 즐긴답니다.

하지만, 샤브샤브는 비싸잖아요.(1)
점심 시간에만 있는 런치 메뉴라면 그다지 비싸지 않아요.(2) 내가 아는 곳이 있어요.

빨리 안내해 주세요!

엇, 여기는 샤브샤브와 스키야키를 함께 하는 곳이네요. 우와, 런치 메뉴는 정말로 저렴하네요!(3)

네, 이곳은 스키야키도 맛있어요.(4) 달달한 고기를 날달걀에 찍어 먹는 건, 정말 최고죠!

스키야키는 すき焼き라고 써요.
고기와 각종 채소, 두부 등을 간장 양념에
구워서 날달걀에 찍어 먹는 음식이에요.
날달걀

맞아요. 제일 좋아하는
일본 음식 중에 하나예요.
한국의 불고기랑 비슷한
맛이에요.

재료랑 양념이 비슷하긴 하죠! 고기와
각종 채소에 간장 양념을 하니까요.
醤油

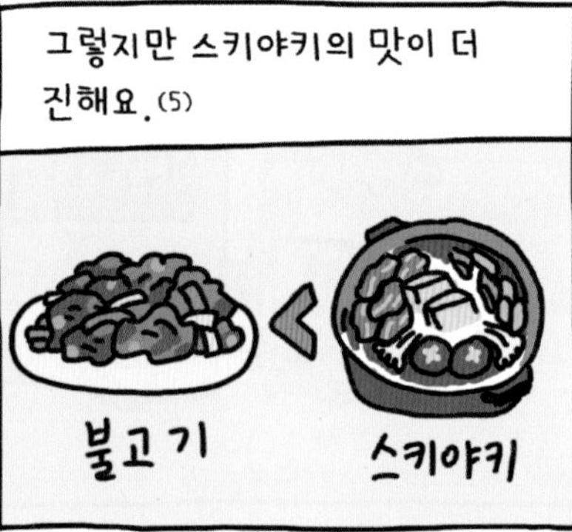
그렇지만 스키야키의 맛이 더
진해요.(5)
불고기
스키야키

그리고 날달걀을 찍어
먹는 다는 점이 큰 특징이죠!
맞아요

메뉴가 정해지면 불러 주세요. 스키야키를
시키시면 날달걀과 밥의 추가 주문이
무료입니다.
우아!
오!

추가 주문은 오카와리 おかわり라고 해요. 간혹 이렇게 밥이나 된장국 등이 무료로 리필되는 곳이 있으니, 놓치지 마세요!
추가는 진리..

그래요? 그렇다면 우리 샤브샤브는 다음에 먹고, 스키야키를 먹는 건 어때요?!
어디서 음산한 기운이..

......두 개 다 먹으면 안되나요?
스으으으으으

오늘은 배가 많이 불러서요;; 이 가게의 스키야키는 가성비가 좋아요.(6) 음료는 우롱차로 할게요. 마구로센세는요?
할 수 없군..

저도 우롱차로 할게요. 역시 기름진 음식을 먹을 때는 우롱차죠! 여기요, 주문할게요.
여기요

스키야키 2인분이랑 우롱차 두 잔 주세요.

네, 스키야키와 우롱차 맞으시죠?
잠시만 기다려 주세요.
정말 오랜만에 먹는 스키야키예요.
맛있겠어요!
저도요.
すきやき
딱
잘 먹었습니다.
표정이 별로 좋지 않아요.
속이 안 좋아요?
걱정

흐음...

아무래도 전 샤브샤브도 먹어 봐야
될 것 같아요...
에효..
먼저
가세요

역시 그거였군요.. 괜찮아요. 저도 조금만 먹을게요. 오랜만에 먹어 보고는 싶었어요.
우와!

감사합니다..
감
동

그럼 2인분 시킬까요?
다 먹을 수 있다면
시켜도 좋아요.

여기 샤브샤브
3인분 주세요!
잘못
들었나?
네~.

1 샤브샤브 しゃぶしゃぶ

1) 이름의 유래

샤브샤브しゃぶしゃぶ는 얇게 자른 신선한 고기와 각종 채소를 끓는 육수에 넣어 슬쩍슬쩍 휘저은 후, 소스에 찍어먹는 요리예요. 이때 휘젓는 모습을 표현한 것이 しゃぶしゃぶ예요. 소스는 폰즈ポン酢(ず)나 참깨소스ゴマダレ를 주로 먹어요.

2) 종류

고기는 소고기를 먹는 경우가 많고, 그밖에도 돼지고기, 닭고기, 해산물을 사용하는 경우도 있어요. 소고기샤브샤브는 牛(ぎゅう)しゃぶ, 돼지고기샤브샤브는 豚(ぶた)しゃぶ라고 해요. 그리고 익힌 재료를 차게 식혀서 샐러드처럼 먹는 것은 冷(れい)しゃぶ라고 해요.

3) 다양한 식재료

폰즈소스

유자로 향을 가미한 간장소스예요.

고마다레

참깨로 만든 소스로, 다양한 양념을 배합해서 만든 고소한 소스예요.

모찌(떡)

우리의 찰떡과 비슷한 식감의 일본 전통떡은 찹쌀을 반죽해서 만들어요.

면

우동면, 곤약면 등 다양한 종류의 면 사리가 있어요.

4) 샤브샤브를 맛있게 먹는 방법

① 육수가 끓기 시작하면 젓가락으로 소고기를 집어서 육수에 담근 채로 두세 번 천천히 저어 주세요. 고기 색깔이 분홍색으로 변하면 소스에 찍어서 먹어요(취향에 따라 참깨소스에 마늘이나 파를 넣기도 해요).

② 신선한 채소를 육수에 넣고, 채소가 익으면 소스에 찍어 먹어요(다양한 소스에 도전해 보세요! 폰즈소스도 맛있어요!).

③ 고기와 채소를 다 드신 후에는 면과 떡을 넣어서 익혀 먹거나, 죽을 만들어 먹어요. 취향에 따라서 약간의 폰즈소스와 파를 첨가하기도 해요.

고기를 너무 오래 익히면 질기고 맛이 없어져요~! 그리고 한꺼번에 많은 양의 고기와 채소를 넣지 말고 먹을 만큼씩만 넣어서 익히세요. 면사리와 떡은 고기와 채소를 다 드신 후에 넣어 먹어요.

4) 대중적인 샤브샤브 식당

● 온야사이 温野菜

홋카이도부터 오키나와까지 일본전국 각지에 지점이 있는 프랜차이즈 식당이에요.

인당 3,000엔 정도이니, 합리적으로 즐길 수 있는 샤브샤브를 찾는다면 여기를 추천해요.

홈페이지 주소: http://www.onyasai.com/

● 키소지 木曽路

휴식처라는 의미를 지닌 가게 이름답게 일본 전통의 느낌을 살린 내부 공간에서 즐기는 고급 샤브샤브 식당이에요. 하지만 런치시간에 맞춰 가면 합리적인 가격으로 식사를 즐길 수도 있으니 참고하세요~!

지점이 일본 전국에 있지는 않다는 점이 아쉽지만, 관동지역(도쿄), 관서지역

(오사카), 중부지역(나고야), 큐슈에 지점이 있어요.

한국어 홈페이지와 한국어 메뉴도 제대로 갖추고 있으니 일본어가 걱정이라면 이곳을 추천해요.

홈페이지 주소: http://www.kisoji.co.jp/kisoji

2 스키야키 すき焼(や)き

すき焼(や)きは 고기와 다양한 채소에 간장을 기본으로 한 양념을 넣고 익혀 먹는 음식이에요. 우리 음식 중 불고기와 비교되기도 하지만, 양념이 더 진하고 익은 재료를 날달걀에 찍어 먹는다는 게 다른 점이에요. 날달걀을 먹는 것에 거부감이 있는 분은 꺼리기도 하지만, 한 번 맛을 알면 중독되어 버릴 거예요.

지역에 따라 들어가는 재료와 만드는 방법이 조금씩 차이가 나기도 해요.

1 하지만, 샤브샤브는 비싸잖아요. (1)

でも、しゃぶしゃぶは高(たか)いですよね。

でも、	しゃぶしゃぶは	高(たか)いですよね
하지만	샤브샤브는	비싸잖아요

기본형高(たか)い를 정중형으로 바꾸기 위해서는 마지막에 です를 넣으면 돼요.

高(たか)い 비싸다 (또는 높다)

高(たか)いです 비쌉니다/비싸요

마지막에 です만 더하면 된다고요? 간단하네요! 다른 문장도 만들어 보고 싶어요!

네, 준비했어요! 아, 문장 마지막에 있는 よね는 상대방에게 공감과 동시에 확인을 할 때 사용하면 좋아요. 이렇게요.

1) 라면은 맵잖아요.

ラーメンは辛(から)いですよね。

2) 케이크도 맛있잖아요.

ケーキもおいしいですよね。

3) 생맥주는 차갑잖아요.

生(なま)ビールは冷(つめ)たいですよね。

2 런치 메뉴라면 그다지 비싸지 않아요. (2)

ランチメニューならあまり高(たか)くありません。

ランチメニューなら	あまり	高(たか)くありません
런치 메뉴라면	그다지	비싸지 않아요

그리고 '그다지', '별로' 라는 말은 あまり로, 부정문에서 주로 쓰여요.

마지막에 い형용사의 부정 표현은 조금 복잡하네요.

い형용사의 부정은 마지막의 い를 빼고 くありません을 붙여야 해요. 이렇게요.

高(たか)	い	비싸다(또는 높다)
	くありません	비싸지 않습니다, 비싸지 않아요

몇 개 더 만들어 볼게요.

おいし	い	맛있다
	くありません	맛있지 않습니다, 맛있지 않아요

安(やす)	い	싸다
	くありません	싸지 않습니다, 싸지 않아요

寒(さむ)	い	춥다
	くありません	춥지 않습니다, 춥지 않아요

문장으로 만들어 볼게요.

1) 낫토라면 그다지 맛있지 않아요.

納豆(なっとう)ならあまりおいしくありません。

2) 스키야키라면 그다지 싸지 않아요.

すき焼(や)きならあまり安(やす)くありません。

3) 나고야라면 그다지 춥지 않아요.

名古屋(なごや)ならあまり寒(さむ)くありません。

3 우와, 런치 메뉴는 정말로 저렴하네요! (3)

わあ、ランチメニューは本当(ほんとう)に安(やす)いですね。

本当(ほんとう)に는 많이 들어 봤어요.

맞아요. 本当(ほんとう)가 '정말'이고 本当(ほんとう)に는 '정말로'예요.

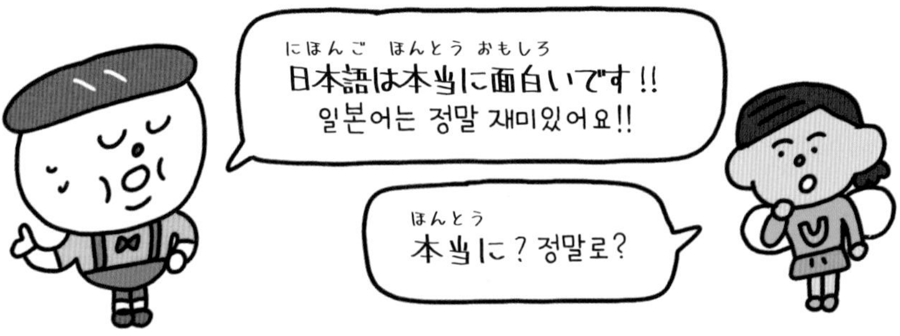

4 네, 이곳은 스키야키도 맛있었어요. (4)

はい、ここはすき焼(や)きもおいしかったです。

はい	ここは	すき焼(や)きも	おいしかったです
네	이곳은	스키야키도	맛있었어요

드디어 い형용사의 과거 표현이 왔어요. い형용사의 과거 표현은 い를 빼고 かったです를 붙여요.

おいし	い	맛있다
	かったです	맛있었습니다, 맛있었어요

몇 개 더 만들어 볼게요.

高(たか)	い	비싸다 (또는 높다)
	かったです	비쌌습니다, 비쌌어요

安(やす)	い	싸다
	かったです	쌌습니다, 쌌어요

寒(さむ)	い	춥다
	かったです	추웠습니다, 추웠어요

문장으로 만들어 볼게요.

1) 면세점도 비쌌어요.

免税店(めんぜいてん)も高(たか)かったです。

2) 편의점도 쌌어요.

コンビニも安(やす)かったです。

3) 서울도 추웠어요?

ソウルも寒(さむ)かったですか？

5 그렇지만 스키야키의 맛이 더 진해요. (5)

しかし、すき焼(や)きの味(あじ)がもっと濃(こ)いです。

しかし、	すき焼(や)きの	味(あじ)が	もっと	濃(こ)いです
그렇지만	스키야키의	맛이	더	진해요

명사+の는 '명사의'라는 쓰임이에요. 그래서 すき焼(や)きの라고 하면 '스키야키의'가 되는 거예요. 다른 문장도 만들어 볼게요.

1) 한국의 라면이 더 매워요.

韓国(かんこく)のラーメンがもっと辛(から)いです。

2) 일본의 라면이 더 맛있어요.

日本(にほん)のラーメンがもっとおいしいです。

3) 미국의 햄버거가 더 커요.

アメリカのハンバーガーがもっと大(おお)きいです。

6 **이 가게의 스키야키는 가성비가 좋아요. (6)**

この店(みせ)のすき焼(や)きはコスパがいいですよ。

この店(みせ)の	すき焼(や)きは	コスパが	いいですよ
이 가게의	스키야키는	가성비가	좋아요

コスパ는 コストパフォーマンス의 줄임말로 가격대비성능을 말하는 거예요. 일본어도 줄임말을 상당히 많이 사용해요. 많이 사용하는 줄임말에 대해 좀 더 알아봐요!

1) 스타벅스

スタバ (スタバックス)

2) 스마트폰

スマホ (スマートフォン)

3) 농구

バスケ (バスケットボール)

4) 포테이토칩

ポテチ (ポテトチップス)

5) 백화점 지하 식품매장

デパチカ (デパートの地下食品売(ちかしょくひんう)り場(ば))

6) 취업활동

就活(しゅうかつ) (就職活動(しゅうしょくかつどう))

문법정리

1) い형용사 명사수식

おいしい	+	さしみ
おいしいさしみ 맛있는 생선회		

安(やす)い	+	すし
安(やす)いすし 싼 초밥		

2) おいしい의 다양한 활용 (おいし가 어간으로, 변하지 않는 부분)

		현재	과거
긍정	보통	おいしい 맛있다	おいしかった 맛있었다
	정중	おいしいです 맛있습니다	おいしかったです 맛있었습니다
부정	보통	おいしくない 맛있지 않다	おいしくなかった 맛있지 않았다
	정중 1	おいしくないです 맛있지 않아요	おいしくなかったです 맛있지 않았어요
	정중 2	おいしくありません 맛있지 않습니다	おいしくありませんでした 맛있지 않았습니다

3) 安(やす)い의 다양한 활용 (安가 어간으로, 변하지 않는 부분)

		현재	과거
긍정	보통	安(やす)い 싸다	安(やす)かった 쌌다
	정중	安(やす)いです 쌉니다	安(やす)かったです 쌌습니다
부정	보통	安(やす)くない 싸지 않다	安(やす)くなかった 싸지 않았다
	정중 1	安(やす)くないです 싸지 않아요	安(やす)くなかったです 싸지 않았어요
	정중 2	安(やす)くありません 싸지 않습니다	安(やす)くありませんでした 싸지 않았습니다

4) 예외 い형용사 いい・よい

활용할 때는 よい를 사용한다.

		현재	과거
긍정	보통	いい 좋다	よかった 좋았다
	정중	いいです 좋습니다	よかったです 좋았습니다
부정	보통	よくない 좋지 않다	よくなかった 좋지 않았다
	정중 1	よくないです 좋지 않아요	よくなかったです 좋지 않았어요
	정중 2	よくありません 좋지 않습니다	よくありませんでした 좋지 않았습니다

1) 다음 い형용사의 표현을 완성해 보세요.

い형용사	의미	정중 표현, 현재 (~습니다)	정중 표현, 과거 (~았/었습니다)
高(たか)い	비싸다, 비싼/ 높다, 높은		
美味(おい)しい	맛있다, 있는		
まずい	맛없다, 맛없는		
うまい	맛있다, 맛있는/ 능숙하다, 능숙한		
苦(にが)い	쓰다, 쓴		
すっぱい	시다, 신		

辛(から)い	맵다, 매운		
しょっぱい	짜다, 짠		
香(こう)ばしい	향기롭다, 향기로운/고소하다, 고소한		
青(あお)い	파랗다, 파란		
赤(あか)い	빨갛다, 빨간		
黒(くろ)い	검다, 검은		
白(しろ)い	하얗다, 하얀		
黄色(きいろ)い	노랗다, 노란		

暑(あつ)い	덥다, 더운		
暖(あたた)かい	따뜻하다, 따뜻한		
涼(すず)しい	선선하다, 신선한		

2) 다음 い형용사의 부정 표현을 완성해 보세요.

い형용사	의미	부정 표현, 현재 (~지 않습니다) (~지 않아요)	부정 표현, 과거 (~지 않았습니다) (~지 않았어요)
寒(さむ)い	춥다, 추운		
やさしい	자상하다, 자상한/ 친절하다, 친절한		

可愛い(かわいい)	귀엽다, 귀여운/ 예쁘다, 예쁜		
うるさい	시끄럽다, 시끄러운		
新しい(あたらしい)	새롭다, 새로운		
賢い(かしこい)	영리하다, 영리한		

偉(えら)い	훌륭하다, 훌륭한/ 대단하다, 대단한		
酷(ひど)い	심하다, 심한		
うれしい	기쁘다, 기쁜		
楽(たの)しい	즐겁다, 즐거운		

悲(かな)しい	슬프다, 슬픈		
寂(さび)しい	외롭다, 외로운/ 쓸쓸하다, 쓸쓸한		
うらやましい	부럽다, 부러운		

1) 다음 い형용사의 표현을 완성해 보세요.

い형용사	의미	정중 표현, 현재 (~습니다)	정중 표현, 과거 (~았/었습니다)
高(たか)い	비싸다, 비싼/높다, 높은	高(たか)いです [타카이데스]	高(たか)かったです [타카캇타데스]
美味(おい)しい	맛있다, 있는	美味(おい)しいです [오이시-데스]	美味(おい)しかったです [오이시캇타데스]
まずい	맛없다, 맛없는	まずいです [마즈이데스]	まずかったです [마즈캇타데스]
うまい	맛있다, 맛있는/능숙하다, 능숙한	うまいです [우마이데스]	うまかったです [우마캇타데스]
苦(にが)い	쓰다, 쓴	苦(にが)いです [니가이데스]	苦(にが)かったです [니가캇타데스]
すっぱい	시다, 신	すっぱいです [습파이데스]	すっぱかったです [습파캇타데스]
辛(から)い	맵다, 매운	辛(から)いです [카라이데스]	辛(から)かったです [카라캇타데스]

しょっぱい	짜다, 짠	しょっぱいです [숍파이데스]	しょっぱかったです [숍파캇타데스]
こう 香ばしい	향기롭다, 향기로운/ 고소하다, 고소한	こう 香ばしいです [코-바시-데스]	こう 香ばしかったです [코-바시캇타데스]
あお 青い	파랗다, 파란	あお 青いです [아오이데스]	あお 青かったです [아오캇타데스]
あか 赤い	빨갛다, 빨간	あか 赤いです [아카이데스]	あか 赤かったです [아카캇타데스]
くろ 黒い	검다, 검은	くろ 黒いです [쿠로이데스]	くろ 黒かったです [쿠로캇타데스]
しろ 白い	하얗다, 하얀	しろ 白いです [시로이데스]	しろ 白かったです [시로캇타데스]
きいろ 黄色い	노랗다, 노란	きいろ 黄色いです [키-로이데스]	きいろ 黄色かったです [키-로캇타데스]
あつ 暑い	덥다, 더운	あつ 暑いです [아츠이데스]	あつ 暑かったです [아츠캇타데스]
あたた 暖かい	따뜻하다, 따뜻한	あたた 暖かいです [아타타카이데스]	あたた 暖かかったです [아타타카캇타데스]
すず 涼しい	선선하다, 신선한	すず 涼しいです [스즈시-데스]	すず 涼しかったです [스즈시캇타데스]

2) 다음 い형용사의 부정 표현을 완성해 보세요.

い형용사	의미	부정 표현, 현재 (~지 않습니다) (~지 않아요)	부정 표현, 과거 (~지 않았습니다) (~지 않았어요)
寒(さむ)い	춥다, 추운	寒(さむ)くありません [사무쿠아리마셍]	寒(さむ)くありませんでした [사무쿠아리마셍데시타]
		寒(さむ)くないです [사무쿠나이데스]	寒(さむ)くなかったです [사무쿠나캇타데스]
やさしい	자상하다, 자상한/ 친절하다, 친절한	やさしくありません [야사시쿠아리마셍]	やさしくありませんでした [야사시쿠아리마셍데시타]
		やさしくないです [야사시쿠나이데스]	やさしくなかったです [야사시쿠나캇타데스]
可愛(かわい)い	귀엽다, 귀여운/ 예쁘다, 예쁜	可愛(かわい)くありません [카와이쿠아리마셍]	可愛(かわい)くありませんでした [카와이쿠아리마셍데시타]
		可愛(かわい)くないです [카와이쿠나이데스]	可愛(かわい)くなかったです [카와이쿠나캇타데스]
うるさい	시끄럽다, 시끄러운	うるさくありません [우루사쿠아리마셍]	うるさくありませんでした [우루사쿠아리마셍데시타]
		うるさくないです [우루사쿠나이데스]	うるさくなかったです [우루사쿠나캇타데스]

新(あたら)しい	새롭다, 새로운	新(あたら)しくありません [아타라시쿠아리마셍]	新(あたら)しくありませんでした [아타라시쿠아리마셍데시타]
		新(あたら)しくないです [아타라시쿠나이데스]	新(あたら)しくなかったです [아타라시쿠나캇타데스]
賢(かしこ)い	영리하다, 영리한	賢(かしこ)くありません [카시코쿠아리마셍]	賢(かしこ)くありませんでした [카시코쿠아리마셍데시타]
		賢(かしこ)くないです [카시코쿠나이데스]	賢(かしこ)くなかったです [카시코쿠나캇타데스]
偉(えら)い	훌륭하다, 훌륭한/ 대단하다, 대단한	偉(えら)くありません [에라쿠아리마셍]	偉(えら)くありませんでした [에라쿠아리마셍데시타]
		偉(えら)くないです [에라쿠나이데스]	偉(えら)くなかったです [에라쿠나캇타데스]
酷(ひど)い	심하다, 심한	酷(ひど)くありません [히도쿠아리마셍]	酷(ひど)くありませんでした [히도쿠아리마셍데시타]
		酷(ひど)くないです [히도쿠나이데스]	酷(ひど)くなかったです [히도쿠나캇타데스]
うれしい	기쁘다, 기쁜	うれしくありません [우레시쿠아리마셍]	うれしくありませんでした [우레시쿠아리마셍데시타]
		うれしくないです [우레시쿠나이데스]	うれしくなかったです [우레시쿠나캇타데스]

楽(たの)しい	즐겁다, 즐거운	楽(たの)しくありません [타노시쿠아리마셍]	楽(たの)しくありませんでした [타노시쿠아리마셍데시타]
		楽(たの)しくないです [타노시쿠나이데스]	楽(たの)しくなかったです [타노시쿠나캇타데스]
悲(かな)しい	슬프다, 슬픈	悲(かな)しくありません [카나시쿠아리마셍]	悲(かな)しくありませんでした [카나시쿠아리마셍데시타]
		悲(かな)しくないです [카나시쿠나이데스]	悲(かな)しくなかったです [카나시쿠나캇타데스]
寂(さび)しい	외롭다, 외로운/쓸쓸하다, 쓸쓸한	寂(さび)しくありません [사비시쿠아리마셍]	寂(さび)しくありませんでした [사비시쿠아리마셍데시타]
		寂(さび)しくないです [사비시쿠나이데스]	寂(さび)しくなかったです [사비시쿠나캇타데스]
うらやましい	부럽다, 부러운	うらやましくありません [우라야마시쿠아리마셍]	うらやましくありませんでした [우라야마시쿠아리마셍데시타]
		うらやましくないです [우라야마시쿠나이데스]	うらやましくなかったです [우라야마시쿠나캇타데스]

8강

에키벤은 일본 전국을, 형용사는 자기들끼리 연결연결!

형용사 연결형
& 나형용사+이형용사

에키벤은 '에키駅 +벤토弁'로 '역+도시락'이라는 뜻이에요. 일본 전국의 역에서 약 2,000여 종의 다양한 지역 특산물로 만든 에키벤을 팔고 있어요. 에키벤을 먹기 위해 여행하는 사람들도 있을 만큼 인기가 좋아요!

꼭 먹어 봐야겠어요. 그런데 와사비는 많이 맵지 않나요?

시즈오카의 와사비는 향이 좋고 맛있어요!(3) 그래서 유명해요.

시즈오카는 와사비의 산지로도 유명해요. 좋은 환경에서 자란 신선한 와사비를 사용한 다양한 메뉴를 경험할 수 있답니다.

시즈오카는 후지산이 있는 지역답게, 곳곳에서 온천이 나와요. 이미 오래 전부터 온천 휴양지로 각광 받고 있고, 서부지역, 중부지역, 후지지역, 이즈지역으로 나눌 수 있어서 취향에 따라 선택하는 재미가 있어요!

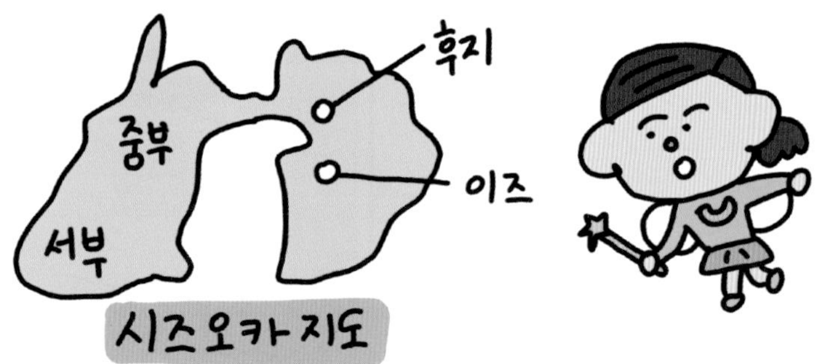

도쿄역 안의 '마츠리'라는 에키벤 전문 가게에서는 전국의 다양한 에키벤을 팔고 있어요. 메뉴는 정기적으로 바뀌어요.

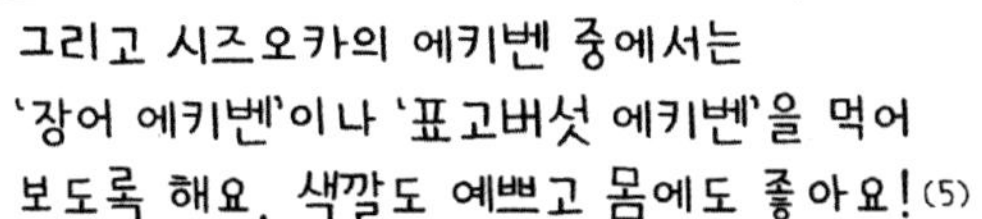

후지산은 일본을 상징하는 산으로도 그려질 만큼 일본인들이 사랑하는 산이에요.

후지산 주변의 아름다운 5개의 호수, 후지고코富士五湖(ふじごこ)도 유명한 관광지로 사랑 받고 있어요.

시즈오카현과 야마나시현에 걸쳐 있는 높이 3,776미터의 화산인 후지산은, 버스로는 2,305미터까지 올라갈 수 있고, 그 이후부터 본격적인 등산로가 시작됩니다.

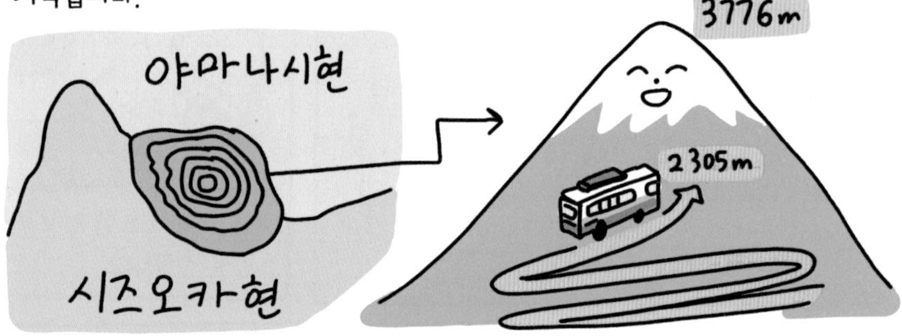

후지산 등산을 위해서는 야마비라키山開(やまびら)き라고 하는 기간인 7월에서 8월 사이에 가야 해요. 여름이지만, 산 정상에 가까워지면 기상 변화가 심하니 여벌 옷이 필요해요.

4개의 주요 등산로가 있고, 등산로마다 여러 개의 산장이 있어서 등산객이 쉬어 갈 수도 있어요. 보통 일출을 보기 위해서는 밤에 등반을 시작해야 해요!

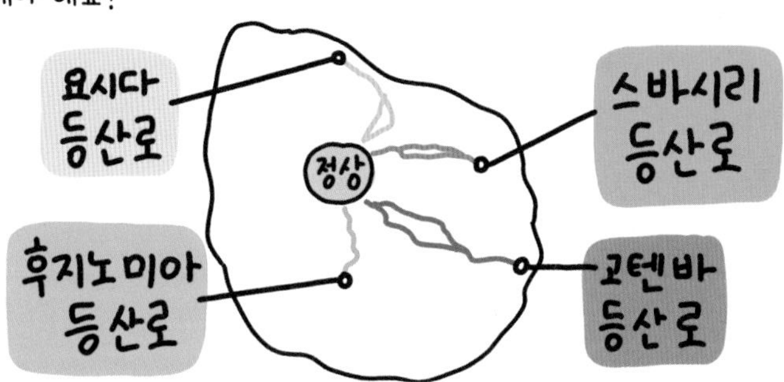

소고기 덮밥.... 2개 주세요!

역시 기본 2인분..

하하, 좋은 정보 고마워요!! 그럼 전 가봐야 해서...

꾸벅

열차는 아직 30분 이나 남았는데요?

가면서 먹을 디저트도 몇 개 사 가야 해서요..

아...

1 에키벤 駅弁(えきべん)

에키벤이 각 역을 대표하는 지역특산물이라 할 수 있는 이유는 각 지방에서 재배한 쌀부터 특산물에 이르기까지 풍부한 재료는 물론이고, 각 지역의 특색을 살린 포장으로 만들어지기 때문이에요. 그래서 철도 여행 중에 만나는 에키벤은 그 지방 역사와 특유의 정취도 느낄 수 있어요. 에키벤에 사용하는 밥은 기본적으로 식초 간을 해서 긴 여정에도 밥이 상하지 않도록 해요.

1) 구입

에키벤은 주로 각 역의 매점이나, 차내 판매로도 구입할 수 있어요. 에키벤을 먹으러 여행을 하는 사람도 있다고 하니, 일본인들의 에키벤 사랑을 짐작할 수 있죠?!

하지만 여행을 가지 않고도 에키벤을 먹고 싶다는 소비자들이 많아서 종종 백화점에서 특별 판매 행사를 하기도 해요. 특히 도쿄 역 내에 있는 '마츠리祭り'라고 하는 에키벤 전문매장은 언제나 전국 각지의 인기 에키벤을 한 자리에서 만날 수 있어요! 가격은 500엔부터 1만 엔이 넘는 것까지 다양하게 있어요.

2) 유명 에키벤

● 홋카이도 모리 역, 이카메시 いかめし

홋카이도의 명물인 오징어를 다리와 내장을 제거하고 몸통에 밥을 넣어, 간장베이스로 양념한 오징어밥 도시락이에요. 에키벤 대회의 단골 우승 에키벤이기도 해요.

● 홋카이도 왓카나이 역, 타베쿠라베 욘다이 카니메시 食べくらべ四大かにめし

대게와 털게 등 네 가지 게로 만든 게살덮밥을 비교적 저렴한 가격으로 맛 볼 수 있어요. 먹어 본 사람은 꼭 다시 찾게 된다는 명물이에요.

● 야마가타현 요네자와 역, 규-니쿠도망나카 牛肉どまん中

밥 위에 간장 양념한 소고기가 가득 올라간 소고기 덮밥이에요. 요네자와는 일본 내에서도 소고기로 유명한 지역이에요.

● 홋카이도 하코다테 역, 아사이치 명물 해협 도시락 朝市名物海峡弁当

*그날그날 메뉴가 바뀜

수산시장을 도시락에 표현한 듯, 다양한 해산물이 밥 위에 올라간 도시락이에요. 이름에 있는 '아사이치'는 '아침(수산)시장'이라는 뜻이에요.

● 홋카이도 삿포로 역, 타라바가니 도시락 タラバガニ弁当

무당게(소라게의 일종)가 잔뜩 올라간 도시락이에요. 뚜껑을 여는 순간 게가 밥을 가릴 정도로 가득 들어 있는 모습에 흐뭇해진다는 도시락이죠.

● 요코하마 역, 슈-마이 도시락 シュウマイ弁当

차이나타운이 있는 요코하마답게 중국 딤섬인 '슈마이'가 반찬으로 들어 있는 도시락에요. 식어도 맛있는 딤섬 도시락으로 명성이 자자해요.

● **군마현 요코가와 역, 토-게노가마메시**
峠の釜めし

뚝배기에 들어 있는 도시락으로, 닭고기, 표고버섯, 메추리알 그리고 다양한 채소가 올라간 솥밥 도시락이에요. 맛도 좋지만, 다 먹고 기념품으로 가져오는 뚝배기 때문에 더 유명해진 도시락이에요.

2 시즈오카 차 静岡茶

'시즈오카 차'라는 것은 시즈오카에서 생산되는 녹차의 브랜드 명이에요. 일본인들은 시즈오카하면 떠오르는 이미지가 드넓은 녹차 밭 끝에 보이는 후지산일 정도로 시즈오카는 녹차로 유명해요. 시즈오카에서 생산되는 녹차의 품질이 우수해서 宇治茶、狭山茶와 함께 일본 3대 명차 중 하나로 인정받고 있어요. 생산량은 일본 내에서 1위예요.

그래서 시즈오카를 여행하다 보면 녹차를 이용한 음식이나 디저트를 쉽게 만나 볼 수 있어요. 그 중에도 녹차 아이스크림과 카스텔라는 특히 인기 있는 녹차 제품이에요. 이렇다 보니 세계적으로 유명한 아이스크림 브랜드 하겐다즈 녹차 맛의 원료 생산지가 바로 시즈오카예요.

시즈오카를 여행하게 되면 녹차 제품을 놓치지 마세요! 선물용으로도 추천해요!

3 시즈오카 와사비

와사비(고추냉이)는 물이 정말 맑은 곳에서만 자라는 뿌리채소예요. 와사비가 재배된다는 것만으로도 그곳의 물이 얼마나 맑은지 알 수 있다고 할 정도예요. 그런 와사비의 일본 내 생산량의 70%를 차지하는 곳이 시즈오카예요. 우리나라는 와사비를 생선회 먹을 때 곁들여 먹는 정도이지만, 시즈오카에 가면 신선한 생와사비를 갈아서 덮밥, 오챠즈케는 물론이고 그 줄기를 이용해서 반찬을 만들기도 해요.

재배지가 아니면 만나 볼 수 없는 특별한 음식이겠죠?! 게다가 일본 드라마 '고독한 미식가'에서도 시즈오카의 와사비 전문점에서 와사비를 이용한 다양한 메뉴를 먹는 편이 있어서 한국 관광객들도 많이 찾고 있다고 해요.

일본어정복

1 여행지는 도쿄에서도 가깝고 유명한 온천지, 시즈오카예요! (1)

旅行先(りょこうさき)は東京(とうきょう)からも近(ちか)くて有名(ゆうめい)な温泉地(おんせんち)、静岡(しずおか)です。

旅行先(りょこうさき)は	東京(とうきょう)からも	近(ちか)くて
여행지는	도쿄에서도	가깝고
有名(ゆうめい)な	温泉地(おんせんち)	静岡(しずおか)です
유명한	온천지	시즈오카예요

먼저 조사 から를 알아 볼게요. '명사+から는 명사+로부터/에서' 등의 시작 지점에 사용할 수 있어요. 장소, 시간, 금액 등 다양하게 활용이 가능해요.

조사 も는 '~도'니까 합쳐서 '~에서도' 군요!

네, 맞아요. 다음으로 오늘의 핵심! い형용사의 연결형에 대해 알아 볼게요. 近(ちか)くて는 近(ちか)い라는 い형용사의 연결형이에요. 만드는 방법은 마지막 い를 빼고 くて를 붙이는 거예요.

조금 어렵지만 연습하면 할 수 있을 거 같아요!

네, 그럴 줄 알고 준비했어요!

遠(とう)	い	멀다
	くて	멀고, 멀어서

高(たか)	い	비싸다
	くて	비싸고, 비싸서

문장을 더 연습해 볼게요.

1) 집에서 가깝고 맛있는 가게였어요.

いえ　　ちか　　　　　　　みせ
家から近くておいしいお店でした。

2) 회사에서 멀고 맛있지 않은 가게였어요.

かいしゃ　とお　　　　　　　　みせ
会社から遠くておいしくないお店でした。

3) 비싸고 멋진 레스토랑, 조엘 로브숑이었어요.

たか　すてき
高くて素敵なレストラン、ジョエル・ロブションでした。

2 시즈오카는 신선하고 맛있는 생와사비도 유명해요. (2)

しずおか　しんせん　　　　　　　　　　ゆうめい
静岡は新鮮でおいしい生のワサビも有名ですよ。

しずおか 静岡は	しんせん 新鮮で	おいしい	生のワサビも	ゆうめい 有名ですよ
시즈오카는	신선하고	맛있는	생와사비도	유명해요

이번에는 な형용사의 연결형이 나왔어요. 新鮮(しんせん)だ라는 な형용사의 연결형을 만드는 방법은 마지막 だ를 지우고 で를 붙이는 거예요. 이번에도 연습할 수 있게 준비했어요!

しんせん 新鮮	だ	신선하다
	で	신선하고, 신선해서

ゆうめい 有名	だ	유명하다
	で	유명하고, 유명해서

べんり 便利	だ	편리하다
	で	편리하고, 편리해서

문장으로 더 연습해 볼게요.

1) 친절하고 성실한 사람이 이상형이에요.

しんせつ　まじめ　ひと
親切で真面目な人がタイプです。

2) 조용하고 깨끗한 레스토랑이 좋아요.

しず　きれい
静かで綺麗なレストランがいいです。

3) 편리하고 가벼운 스마트폰이네요.

べんり　かる
便利で軽いスマホですね。

3 시즈오카의 와사비는 향이 좋고 맛있어요! (3)

しずおか　かお
静岡のワサビは香りがよくておいしいですよ！

しずおか 静岡のワサビは	かお 香りが	よくて	おいしいですよ
시즈오카의 와사비는	향이	좋고	맛있어요

이번에는 특별한 い형용사 '좋다'의 연결형을 살펴볼게요.

앗, 맞다. 좀 특별한 い형용사였어요!

いい	+	やすい
よくてやすいです 좋고 쌉니다		
やすくていいです 싸고 좋습니다		

이렇게 바뀌게 되는 거예요.
いくて가 아니라
よくて라는 거 잊지
마세요!

4 온천이라면 후지 지역이 조용하고 쾌적해요. (4)

温泉(おんせん)なら富士地域(ふじちいき)が静(しず)かで快適(かいてき)です。

温泉(おんせん)なら	富士地域(ふじちいき)が	静(しず)かで	快適(かいてき)です
온천이라면	후지 지역이	조용하고	쾌적해요

'명사+라면' 이라는 표현은 명사+なら를 사용할 수 있어요.

日本語(にほんご)なら 일본어라면

静岡(しずおか)なら 시즈오카라면

참치라면! マグロなら!

맞아요. 문장으로 더 만들어 봐요!

1) 이 라면이라면 맵고 맛있어요.

このラーメンなら辛(から)くておいしいです。

2) 일본어라면 간단하고 재미있어요.

日本語(にほんご)なら簡単(かんたん)で面白(おもしろ)いです。

3) 그 회의실이라면 넓고 쾌적해요.

その会議室(かいぎしつ)なら広(ひろ)くて快適(かいてき)です。

5 소고기덮밥 에키벤은 싸고 양도 많아요.

牛(ぎゅう)めし駅弁(えきべん)は安(やす)くて量(りょう)も多(おお)いです。

牛(ぎゅう)めし駅弁(えきべん)は	安(やす)くて	量(りょう)も	多(おお)いです
소고기덮밥 에키벤은	싸고	양도	많아요

이제 い형용사의 연결형! 할 수 있겠죠?

싸다 安(やす)い의 연결형이 安(やす)くて로, '싸고, 싸서' 라는 의미가 되는 거예요! 문장으로 연습해 보도록 해요!

1) 여기는 커피도 맛있고, 케이크도 저렴해요.

ここはコーヒーもおいしくて、ケーキも安(やす)いです。

2) 이 노트북은 가볍고, 색깔도 예뻐요.

このノートパソコンは軽(かる)くて、色もかわいいです。

3) 그는 재미있고, 목소리도 좋아요.

彼(かれ)は面白(おもしろ)くて、声(こえ)もいいです。

6 색깔도 예쁘고 몸에도 좋아요! (5)

色(いろ)もきれいで体(からだ)にもいいですよ！

いろ 色も	きれいで	からだ 体にも	いいですよ
색깔도	예쁘고	몸에도	좋아요

형용사의 연결형도 문제 없죠?!

예쁘다 きれいだ의 연결형이 きれいで로, '예쁘고, 예뻐서' 라는 의미가 되는 거예요! 문장을 더 만들어 봐요!

1) 성실하고 머리도 좋아요.

真面目(まじめ)で頭(あたま)もいいですよ。

2) 솔직하고 성격도 좋아요.

素直(すなお)で性格(せいかく)もいいですよ。

3) 신선하고 맛도 좋아요.

新鮮(しんせん)で味(あじ)もいいですよ。

문법정리

1) い형용사의 연결형

おいしい	+	やすい
おいしくてやすいです 맛있고 쌉니다		
やすくておいしいです 싸고 맛있습니다		

2) な형용사의 연결형

らくだ	+	すきだ
らくですきです 편하고 좋아합니다/편해서 좋아합니다		
すきでらくです 좋아하고 편합니다/좋아해서 편합니다		

3) 예외 い형용사 いい・よい

いい	+	やすい
よくてやすいです 좋고 쌉니다		
やすくていいです 싸고 좋습니다		

1) 다양한 형용사를 연결형으로 완성해 보세요.

い형용사, な형용사	의미	연결형 (~하고/ 해서)
細(ほそ)い	가늘다	
軽(かる)い	가볍다	
強(つよ)い	강하다	
ほしい	갖고 싶다, 원하다	
黒(くろ)い	검다	
上品(じょうひん)だ	고상하다	
香(こう)ばしい	고소하다	
臭(くさ)い	고약한 냄새가 나다	
苦(くる)しい	괴롭다	

ふと 太い	굵다	
めんどうくさい	귀찮다	
なつ 懐かしい	그립다	
うれ 嬉しい	기쁘다	
ふか 深い	깊다	
するど 鋭い	날카롭다, 예민하다	
ふる 古い	낡다, 오래되다	
ないこうてき 内向的だ	내향적이다	
まぶ 眩しい	눈부시다	
ゆる 緩い	느슨하다, 엄하지 않다	
きたな 汚い	더럽다	
にぶ 鈍い	둔하다	

丸(まる)い	둥글다	
温(あたた)かい	따뜻하다(음식)	
暖(あたた)かい	따뜻하다(날씨)	
固(かた)い	딱딱하다	
渋(しぶ)い	떫다	
賢(かしこ)い	똑똑하다	
熱(あつ)い	뜨겁다	
まずい	맛없다	
滑(なめ)らかだ	매끄럽다	
かっこいい*	멋있다	
蒸(む)し暑(あつ)い	무덥다	
迷惑(めいわく)だ	민폐다, 귀찮다	

頼(たの)もしい	믿음직스럽다	
複雑(ふくざつ)だ	복잡하다	
恥(は)ずかしい	부끄럽다	
柔(やわ)らかい	부드럽다	
羨(うらや)ましい	부럽다	
不安(ふあん)だ	불안하다	
不快(ふかい)だ	불쾌하다	
愛(いと)しい	사랑스럽다	
爽(さわ)やかだ	상쾌하다	
新(あたら)しい	새롭다	
鮮(あざ)やかだ	선명하다	
せっかちだ	성급하다	

涼(すず)しい	시원하다	
不思議(ふしぎ)だ	신기하다	
きつい	심하다, 꽉 끼다	
美(うつく)しい	아름답다	
平気(へいき)だ	아무렇지 않다	
気(き)まずい	어색하다	
厳(きび)しい	엄격하다	
穏(おだ)やかだ	온화하다	
愉快(ゆかい)だ	유쾌하다	
詳(くわ)しい	자세하다, 상세하다	
小(ちい)さい	작다	
細(こま)かい	작다, 잘다, 미세하다	

眠(ねむ)い	졸리다	
濃(こ)い	진하다	
十分(じゅうぶん)だ	충분하다	
健(すこ)やかだ	튼튼하다	
平凡(へいぼん)だ	평범하다	

1) 다양한 형용사를 연결형으로 완성해 보세요.

い형용사, な형용사	의미	연결형 (~하고/ 해서)
細(ほそ)い	가늘다	細(ほそ)くて [호소쿠테]
軽(かる)い	가볍다	軽(かる)くて [카루쿠테]
強(つよ)い	강하다	強(つよ)くて [츠요쿠테]
ほしい	갖고 싶다, 원하다	ほしくて [호시쿠테]
黒(くろ)い	검다	黒(くろ)くて [쿠로쿠테]
上品(じょうひん)だ	고상하다	上品(じょうひん)で [죠-힌데]
香(こう)ばしい	고소하다	香(こう)ばしくて [코-바시쿠테]
臭(くさ)い	고약한 냄새가 나다	臭(くさ)くて [쿠사쿠테]
苦(くる)しい	괴롭다	苦(くる)しくて [쿠루시쿠테]

太い（ふとい）	굵다	太くて（ふとくて） [후토쿠테]
めんどうくさい	귀찮다	めんどうくさくて [멘도-쿠사쿠테]
懐かしい（なつかしい）	그립다	懐かしくて（なつかしくて） [나츠카시쿠테]
嬉しい（うれしい）	기쁘다	嬉しくて（うれしくて） [우레시쿠테]
深い（ふかい）	깊다	深くて（ふかくて） [후카쿠테]
鋭い（するどい）	날카롭다, 예민하다	鋭くて（するどくて） [스루도쿠테]
古い（ふるい）	낡다, 오래되다	古くて（ふるくて） [후루쿠테]
内向的だ（ないこうてきだ）	내향적이다	内向的で（ないこうてきで） [나이코-테키데]
眩しい（まぶしい）	눈부시다	眩しくて（まぶしくて） [마부시쿠테]
緩い（ゆるい）	느슨하다, 엄하지 않다	緩くて（ゆるくて） [유루쿠테]
汚い（きたない）	더럽다	汚くて（きたなくて） [키타나쿠테]
鈍い（にぶい）	둔하다	鈍くて（にぶくて） [니부쿠테]

丸(まる)い	둥글다	丸(まる)くて [마루쿠테]
温(あたた)かい	따뜻하다(음식)	温(あたた)かくて [아타타카쿠테]
暖(あたた)かい	따뜻하다(날씨)	暖(あたた)かくて [아타타카쿠테]
固(かた)い	딱딱하다	固(かた)くて [카타쿠테]
渋(しぶ)い	떫다	渋(しぶ)くて [시부쿠테]
賢(かしこ)い	똑똑하다	賢(かしこ)くて [카시코쿠테]
熱(あつ)い	뜨겁다	熱(あつ)くて [아츠쿠테]
まずい	맛없다	まずくて [마즈쿠테]
滑(なめ)らかだ	매끄럽다	滑(なめ)らかで [나메라카데]
かっこいい*	멋있다	かっこよくて [칵코요쿠테]
蒸(む)し暑(あつ)い	무덥다	蒸(む)し暑(あつ)くて [무시아츠쿠테]
迷惑(めいわく)だ	민폐다, 귀찮다	迷惑(めいわく)で [메-와쿠데]

頼(たの)もしい	믿음직스럽다	頼(たの)もしくて [타노모시쿠테]
複雑(ふくざつ)だ	복잡하다	複雑(ふくざつ)で [후쿠자츠데]
恥(は)ずかしい	부끄럽다	恥(は)ずかしくて [하즈카시쿠테]
柔(やわ)らかい	부드럽다	柔(やわ)らかくて [야와라카쿠테]
羨(うらや)ましい	부럽다	羨(うらや)ましくて [우라야마시쿠테]
不安(ふあん)だ	불안하다	不安(ふあん)で [후안데]
不快(ふかい)だ	불쾌하다	不快(ふかい)で [후카이데]
愛(いと)しい	사랑스럽다	愛(いと)しくて [이토시쿠테]
爽(さわ)やかだ	상쾌하다	爽(さわ)やかで [사와야카데]
新(あたら)しい	새롭다	新(あたら)しくて [아타라시쿠테]
鮮(あざ)やかだ	선명하다	鮮(あざ)やかで [아자야카데]
せっかちだ	성급하다	せっかちで [섹카치데]

すず 涼しい	시원하다	すず 涼しくて [스즈시쿠테]
ふしぎ 不思議だ	신기하다	ふしぎ 不思議で [후시기데]
きつい	심하다, 꽉 끼다	きつくて [키츠쿠테]
うつく 美しい	아름답다	うつく 美しくて [우츠쿠시쿠테]
へいき 平気だ	아무렇지 않다	へいき 平気で [헤-키데]
き 気まずい	어색하다	き 気まずくて [키마즈쿠테]
きび 厳しい	엄격하다	きび 厳しくて [키비시쿠테]
おだ 穏やかだ	온화하다	おだ 穏やかで [오다야카데]
ゆかい 愉快だ	유쾌하다	ゆかい 愉快で [유카이데]
くわ 詳しい	자세하다, 상세하다	くわ 詳しくて [쿠와시쿠테]
ちい 小さい	작다	ちい 小さくて [치-사쿠테]
こま 細かい	작다, 잘다, 미세하다	こま 細かくて [코마카쿠테]

眠(ねむ)い	졸리다	眠(ねむ)くて [네무쿠테]
濃(こ)い	진하다	濃(こ)くて [코쿠테]
十分(じゅうぶん)だ	충분하다	十分(じゅうぶん)で [쥬-분데]
健(すこ)やかだ	튼튼하다	健(すこ)やかで [스코야카데]
平凡(へいぼん)だ	평범하다	平凡(へいぼん)で [헤-본데]

마구로센세의
본격! 일본어 스터디
초급❶ 일본미식회

초판 1쇄 펴낸 날 | 2018년 7월 27일
초판 3쇄 펴낸 날 | 2020년 9월 25일

지은이 | 최유리 · 나인완
펴낸이 | 홍정우
펴낸곳 | 브레인스토어

책임편집 | 박진홍
편집진행 | 양은지
디자인 | 이유정
마케팅 | 김에너벨리

주소 | (04035) 서울특별시 마포구 양화로7안길 31(서교동, 1층)
전화 | (02)3275-2915~7
팩스 | (02)3275-2918
이메일 | brainstore@chol.com
페이스북 | http://www.facebook.com/brainstorebooks
인스타그램 | https://www.instagram.com/brainstore_publishing

등록 | 2007년 11월 30일(제313-2007-000238호)

© 브레인스토어, 최유리, 나인완, 2018
ISBN 979-11-88073-22-1(04730)
ISBN 979-11-88073-21-4(04730)(세트)

* 이 책은 저작권법에 따라 보호받는 저작물이므로 무단전재와 무단복제를 금하며, 이 책 내용의 전부 또는 일부를 이용하려면 반드시 저작권자와 브레인스토어의 서면 동의를 받아야 합니다.

이 도서의 국립중앙도서관 출판예정도서목록(CIP)은 서지정보유통지원시스템 홈페이지(http://seoji.nl.go.kr)와 국가자료공동목록시스템(http://www.nl.go.kr/kolisnet)에서 이용하실 수 있습니다. (CIP제어번호 : CIP2018021397)